Jo-Jo

AF204704

Sprachbuch 2

Arbeitsheft mit interaktiven Übungen

Lateinische Ausgangsschrift

Erarbeitet von
Frido Brunold, Sandra Meeh, Henriette Naumann-Harms, Rita Stanzel

Fachliche Beratung zur Silbenstrategie,
zum Verlängern, zum Ableiten und zu Merkwörtern
Günter J. Renk

 Deine **interaktiven Übungen** findest du hier:

1. Gib den unten stehenden Zugangscode in die Box ein.
2. Hab viel Spaß mit deinen interaktiven Übungen.

Dein Zugangscode auf
go.cornelsen.de

Die Nutzungsdauer für die Online-Übungen
beträgt nach Aktivierung des Zugangscodes
zwei Jahre. In dieser Zeit speichern wir deine
Lernstandsdaten für dich; nach Ablauf der
Nutzungsdauer werden sie gelöscht.

w9ho-a6-eoeq

Cornelsen

Inhalt

Texte verfassen

Die Lernstandserhebungen finden Sie unter www.cornelsen.de als Download beim Arbeitsheft.

Nachschlagen

1 Verbinde zuerst die Buchstaben des ABC in der richtigen Reihenfolge.
Wenn du es richtig gemacht hast, entsteht ein Tier. Male es an.

2 Schreibe das ABC zuerst mit großen
und dann mit kleinen Buchstaben auf.

$\mathcal{A}$ $\mathcal{B}$ $\mathcal{C}$

a b c

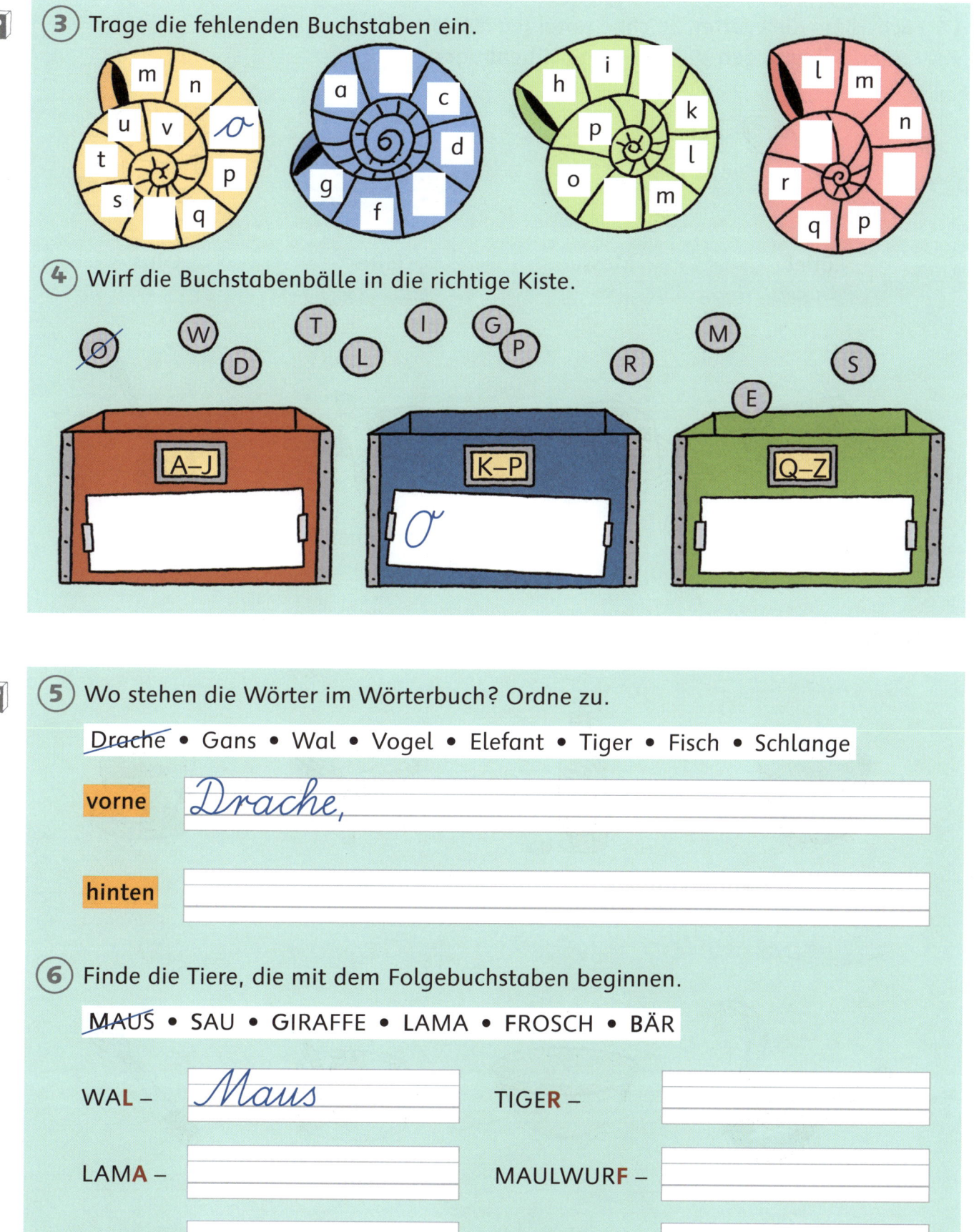

3 Trage die fehlenden Buchstaben ein.

4 Wirf die Buchstabenbälle in die richtige Kiste.

A–J

K–P   o

Q–Z

5 Wo stehen die Wörter im Wörterbuch? Ordne zu.

Drache • Gans • Wal • Vogel • Elefant • Tiger • Fisch • Schlange

vorne   Drache,

hinten

6 Finde die Tiere, die mit dem Folgebuchstaben beginnen.

MAUS • SAU • GIRAFFE • LAMA • FROSCH • BÄR

WAL –   Maus   TIGER –

LAMA –   MAULWURF –

TAUBE –   FINK –

Silben schwingen

1 Schwinge die Wörter. Zeichne unter jedes Wort
einen Silbenbogen ⌣ oder zwei Silbenbögen ⌣⌣.

Löffel	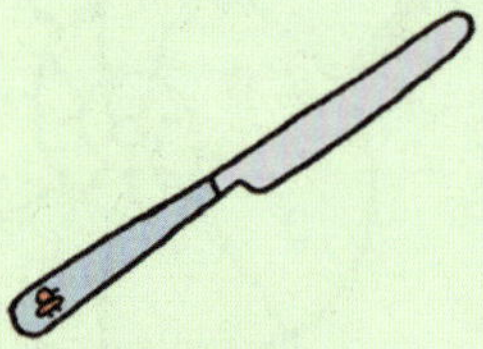 Messer	 Teller	 Glas

Blech	 Dose	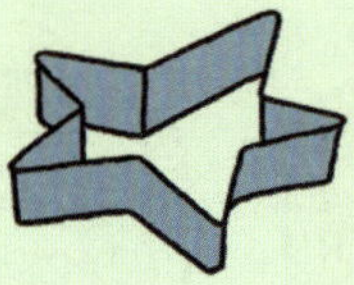 Förmchen	 Kelle

2 Schreibe die Wörter unter die Bilder. Zeichne Silbenbögen.

Form

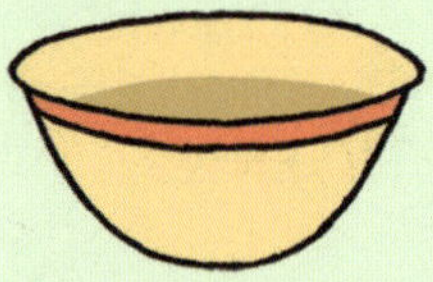

3 Schwinge die Wörter.
Zeichne Silbenbögen unter die Bilder.

4 Trenne die Wörter in der Wörterschlange.

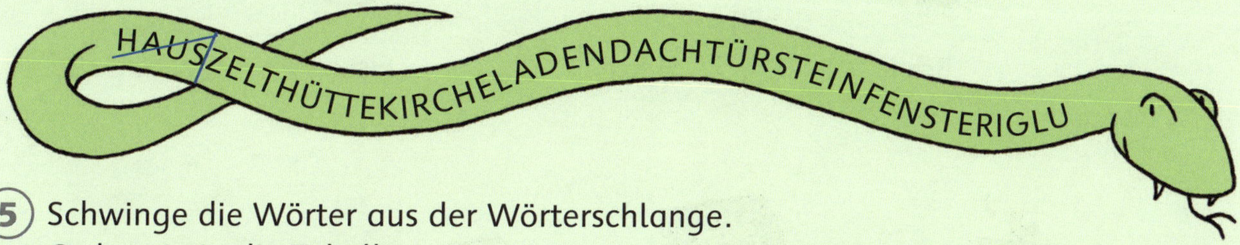

HAUSZELTHÜTTEKIRCHELADENDACHTÜRSTEINFENSTERIGLU

5 Schwinge die Wörter aus der Wörterschlange.
Ordne sie in die Tabelle.

⌣	⌣⌣
Haus	

Silbenkönige: Selbstlaute

1 Male die Silbenkönige in der passenden Farbe an.

| Ast | Zug | Topf | Dorf | Rost |

a   o   u

| Dach | Nacht | Hund | Schal | Buch |

2 Zeichne Silbenbögen unter die Wörter.
Male die Silbenkönige farbig an.

| Bach | Helm | Fisch |

| Bank | Heft | Tisch | Tor |

| Brot | Buch | Tuch |

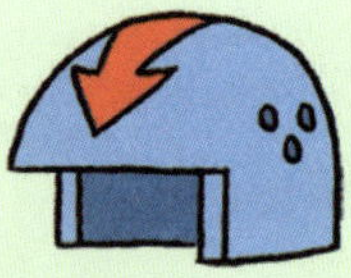

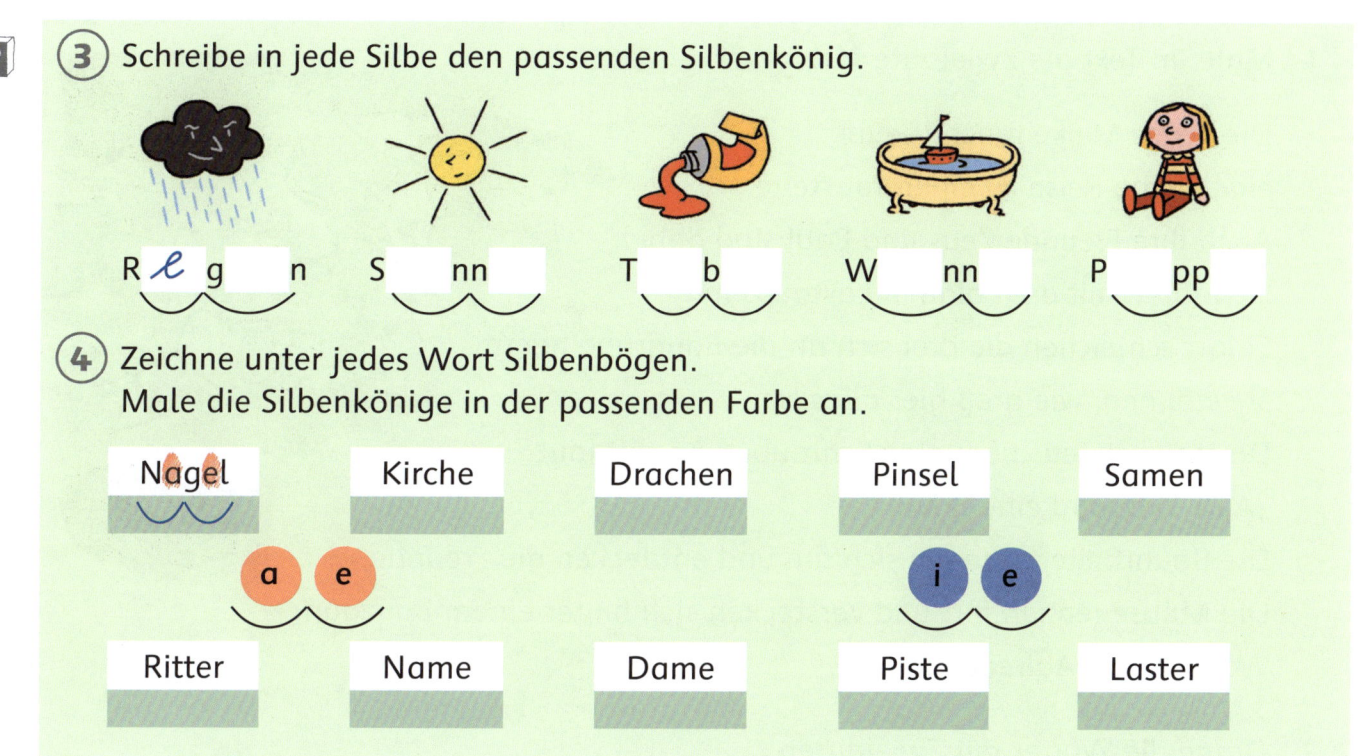

3 Schreibe in jede Silbe den passenden Silbenkönig.

R _e_ g ⬜ n   S ⬜ nn   T ⬜ b   W ⬜ nn   P ⬜ pp

4 Zeichne unter jedes Wort Silbenbögen.
Male die Silbenkönige in der passenden Farbe an.

Nagel   Kirche   Drachen   Pinsel   Samen

Ritter   Name   Dame   Piste   Laster

5 Setze die fehlenden Selbstlaute ein.

El _e_ fant   Nilpf ⬜ rde   Ping ⬜ in   Schmett ⬜ rlinge

Gir ⬜ ffe   Kr ⬜ kodil   Leop ⬜ rden   Regenw ⬜ rm

6 Schreibe die Wörter mit beiden Selbstlauten auf.

B^a_uch   ⟨ _Bach_

P^u_appe

H^a_ose

M^a_itte

St^i_ern

Sch^u_ale

Silbenkönige: Zwielaute

1 Male im Text die Zwielaute farbig: au, ei, eu.

Die Maus Meike macht heute

eine kleine Reise zu einer Baustelle.

Auch ihre Freunde Zeus und Paul sind dabei.

Sie fahren mit dem blauen Lastauto mit.

Sofort schleichen die drei sich an die Baugrube heran.

Sie staunen, wie groß hier alles ist.

Da stolpert Zeus über eine Schraube und ruft laut:

„Aua, das wird eine Beule."

Die Bauarbeiter schauen sich um und entdecken die Freunde.

Die Mäuse rennen fort und verstecken sich hinter einem Bauzaun.

Was für eine Aufregung!

2 Ordne die Wörter mit Zwielauten:

au: *Maus,*

ei: *Meike,*

eu: *heute,*

Richtig schreiben

3 Schreibe jedes Wort mit dem richtigen Anfangsbuchstaben.
Male die Zwielaute an und setze Silbenbögen.

L/G aus

T/B eute

D/R eiter

H/S eife

Laus

B/W aum

Schl H/eife

B/R eule

R/S eis

4 Schreibe die Wörter. Male **ei**, **au** oder **eu** an.

Taube

5 Wo hörst du Zwielaute? Schreibe die Wörter. Male die Zwielaute an.

Zauberer,

Wörter mit ie

1 Schwinge die Wörter. Zeichne Silbenbögen.

tief	Liebe	Knie	Bienen	Tier

hier	viele	Wiese	Friede

Spiel	wiegen	Liege	sie	wie

2 Ordne die Wörter aus Aufgabe 1 in eine Tabelle. Male **ie** an.

ie	ie e
tief	*Liebe*

3 Schreibe unter jedes Bild das richtige Wort. Male **ie** an.

Spiegel			

4 Suche zu jedem Wortanfang ein passendes Ende.
Male **ie** an.

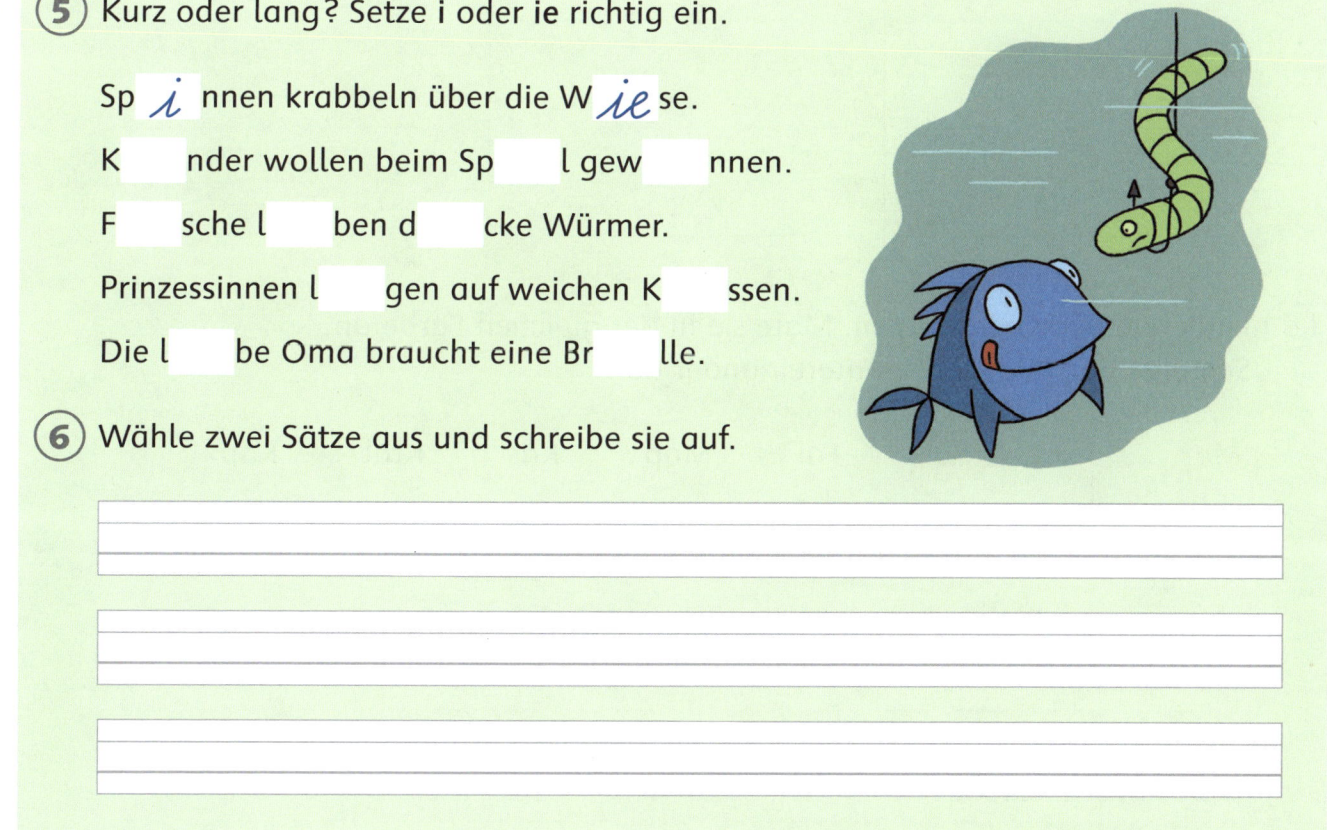

Brief,
_____

_____
_____

_____
_____

5 Kurz oder lang? Setze **i** oder **ie** richtig ein.

Sp *i* nnen krabbeln über die W *ie* se.

K ___ nder wollen beim Sp ___ l gew ___ nnen.

F ___ sche l ___ ben d ___ cke Würmer.

Prinzessinnen l ___ gen auf weichen K ___ ssen.

Die l ___ be Oma braucht eine Br ___ lle.

6 Wähle zwei Sätze aus und schreibe sie auf.

_____
_____

_____
_____

_____
_____

Wörter mit doppelten Mitlauten

1 Trage die richtigen Mitlaute ein.

Qua _ll_ e   Te ☐ er   Ke ☐ e   Ze ☐ el   So ☐ e   Wa ☐ e

To ☐ e   Wa ☐ e   Bä ☐ e   Ra ☐ e   Ka ☐ e   We ☐ e

2 Ordne die Wörter in die Tabelle.
Male die doppelten Mitlaute an.

ll	nn	tt
Qualle		

3 Finde die passenden Silben. Male sie in der gleichen Farbe an.
Schreibe die Reimwörter untereinander auf.

Mut   Tas   But   Fal   Map   Kas   Kral   Kap

se   le   ter   pe

Mutter			
Butter			

4 Würfle und trage die Würfelpunkte ein. Schreibe die Wörter.

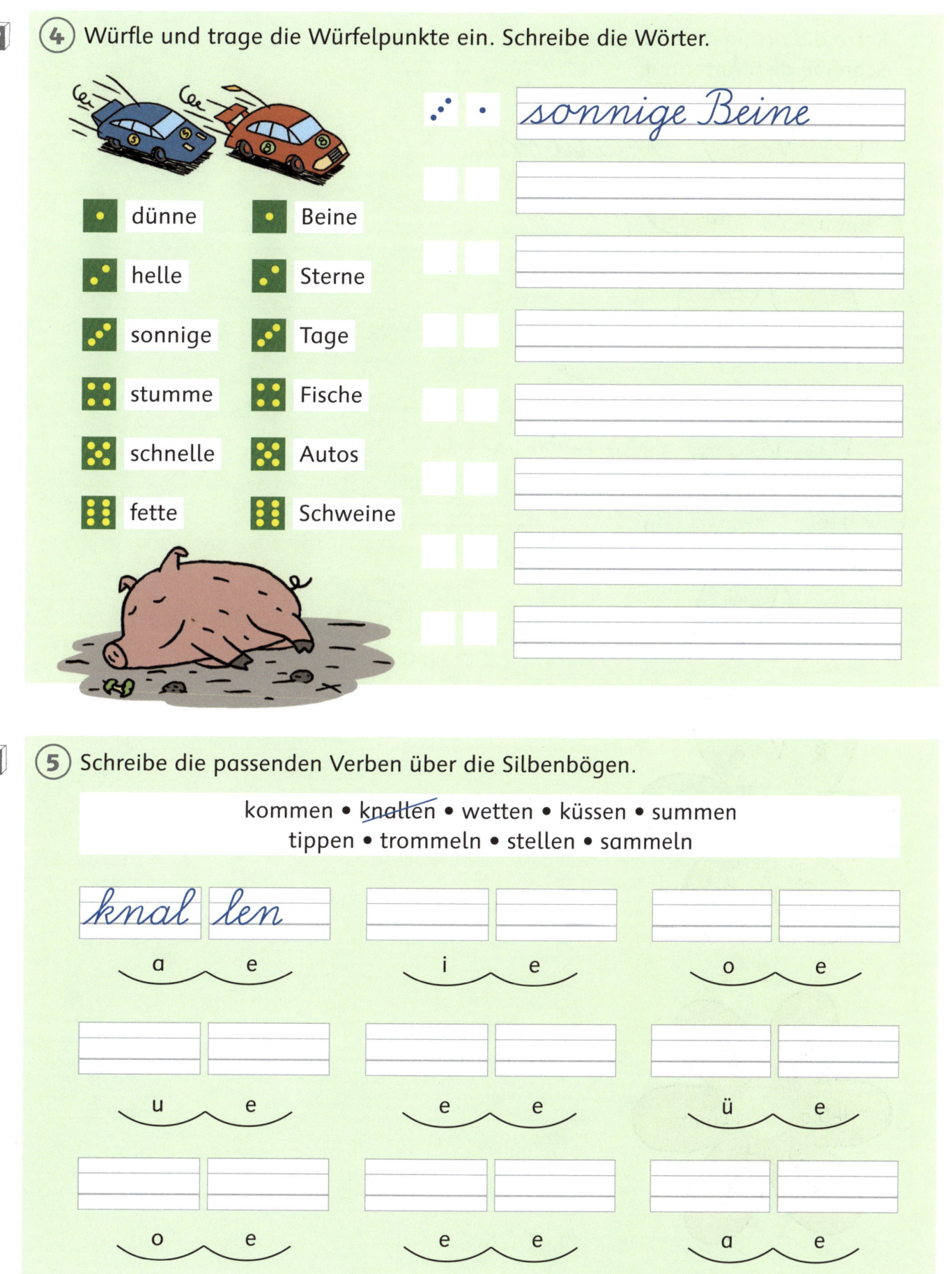

Würfel 1	Würfel 2	Wort
∴	•	*sonnige Beine*
☐	☐	
☐	☐	
☐	☐	
☐	☐	
☐	☐	
☐	☐	
☐	☐	

- • dünne
- ⁚ helle
- ∴ sonnige
- ∷ stumme
- ⁙ schnelle
- ⠿ fette

- • Beine
- ⁚ Sterne
- ∴ Tage
- ∷ Fische
- ⁙ Autos
- ⠿ Schweine

5 Schreibe die passenden Verben über die Silbenbögen.

kommen • knallen • wetten • küssen • summen
tippen • trommeln • stellen • sammeln

knal *len*
‿a‿ ‿e‿

☐ ☐
‿i‿ ‿e‿

☐ ☐
‿o‿ ‿e‿

☐ ☐
‿u‿ ‿e‿

☐ ☐
‿e‿ ‿e‿

☐ ☐
‿ü‿ ‿e‿

☐ ☐
‿o‿ ‿e‿

☐ ☐
‿e‿ ‿e‿

☐ ☐
‿a‿ ‿e‿

Wörter mit Sp/sp und St/st

1 Setze die richtigen Anfangsbuchstaben in die Blumen.
Schreibe die Wörter auf.

Blume 1 (orange): St — urm · imme · irn · ange · ern · unde · pun

Sturm

Blume 2 (blau): iegel · inne · uk · rache · aten · atzen

Blume 3 (grün): ucken · ringen · aren · rechen · annen · ielen

Blume 4 (orange/rot): ellen · aunen · ehen · ricken · ecken · eigen

Richtig schreiben

2 Sp oder St? Ergänze die passenden Anlaute.
Schwinge die Wörter und zeichne Silbenbögen.

Sp inne ⬜ ritze ⬜ iel ⬜ ein ⬜ ange

⬜ ift ⬜ ern ⬜ ort ⬜ itze ⬜ atz

3 Schreibe drei Sätze. Verwende in jedem Satz Wörter mit **Sp** oder **St**.

4 Finde passende Reimwörter mit **sp** oder **st**.

holpern   dampfen   zucken

stolpern

sitzen   zeigen   sehen

5 Entziffere die Wörter. Schreibe sie richtig auf.

Spiegel   sparsam   Stelzen

Spiegel

stumpf   sprechen   Stimme

Wörter mit b, d, g verlängern

1 Zähle und schreibe auf, wie viele du siehst.

Berg – *3 Berge*   Zwerg –

Pferd –   Kind –

Kleid –   Hund –

Korb –   Dieb –

2 Schreibe zu jedem Wort die Verlängerung.

ein Feld – viele *Felder*   ein Rad – viele

ein Land – viele   ein Tag – viele

ein Lied – viele   ein Sieb – viele

ein Stab – viele   ein Band – viele

Richtig schreiben

3) Schreibe die Verlängerung. Streiche den falschen Buchstaben durch.

Kal $\frac{b}{p}$ *Kälber*

Schwer $\frac{d}{t}$

Ban $\frac{k}{g}$

Ta $\frac{k}{g}$

We $\frac{k}{g}$

Stran $\frac{d}{t}$

4) Finde zu jedem Adjektiv ein passendes Nomen.

blind • rund • gelb • lieb • spannend • mutig

der blinde Mann,

5) Schreibe die Lösungswörter ins Rätselgitter.

Es hat vier Beine und kann bellen.   *H u n d*

Du kannst auf ihm reiten.

Er steht nachts am Himmel.

Ein sehr kleines Männlein ist ein …

Meine Zähne putze ich mir im …

Seine Mama ist eine Kuh.

Eine Sandburg baue ich am …

Wörter mit ä und äu

1 Trenne die Wörterschlange durch Striche. Du findest acht Wörter.

BANK|BARTNAGELMANTELKASTENDACHSCHRANKGLAS

2 Schreibe die Wörter aus der Wörterschlange auf. Male **a** an.
Suche zu jedem Wort ein verwandtes Wort.

Bank –

3 Male **au** an. Schreibe die Verlängerung.

Zaun – *Zäune*   Bauch –

Baum –   Faust –

Maus –   Traum –

Laus –   Raum –

4 Schreibe die Verkleinerungsformen.

Taube – *Täubchen*   Maus –

Hase –   Affe –

Kalb –   Katze –

5 Unterstreiche im Text, was im Zwergenland klein ist.

Im Zwergenland wohnt Zwerg Kasimir
in einem kleinen Häuschen.
Dahinter ist ein Gärtchen mit einem Zäunchen.
Drei Bäumchen tragen im Herbst rote Äpfelchen.
Kasimirs beste Freunde sind ein schwarzes Häschen,
ein weißes Gänschen und ein graues Kätzchen.

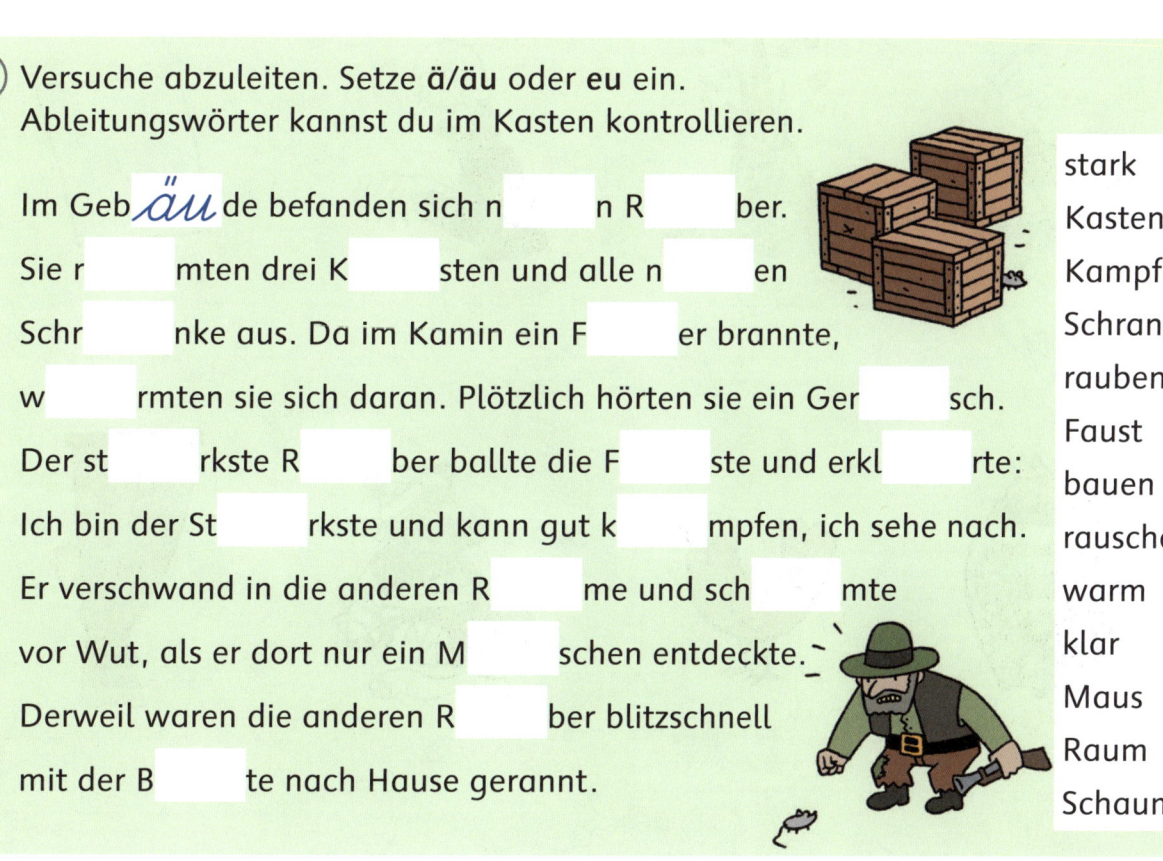

6 Finde verwandte Wörter. Male **a** – **ä** und **au** – **äu** an.

Häuschen – *Haus*

Gärtchen –

Zäunchen –

Bäumchen –

Äpfelchen –

Häschen –

Gänschen –

Kätzchen –

7 Versuche abzuleiten. Setze **ä/äu** oder **eu** ein.
Ableitungswörter kannst du im Kasten kontrollieren.

Im Geb *äu* de befanden sich n____n R____ber.

Sie r____mten drei K____sten und alle n____en

Schr____nke aus. Da im Kamin ein F____er brannte,

w____rmten sie sich daran. Plötzlich hörten sie ein Ger____sch.

Der st____rkste R____ber ballte die F____ste und erkl____rte:

Ich bin der St____rkste und kann gut k____mpfen, ich sehe nach.

Er verschwand in die anderen R____me und sch____mte

vor Wut, als er dort nur ein M____schen entdeckte.

Derweil waren die anderen R____ber blitzschnell

mit der B____te nach Hause gerannt.

stark
Kasten
Kampf
Schrank
rauben
Faust
bauen
rauschen
warm
klar
Maus
Raum
Schaum

Merkwörter mit V und v (M)

1 Finde sechs Wörter. In allen ist ein V oder v.
Kreise jedes Wort ein. Schreibe es in die Zeilen.

Ü	P	U	L	L	O	V	E	R	C
A	S	U	G	U	H	J	K	L	G
V	O	L	L	M	O	N	D	M	K
P	Ü	L	I	U	Z	T	R	E	W
D	V	O	R	M	I	T	T	A	G
F	L	V	S	D	F	G	H	N	B
C	V	E	R	K	E	H	R	S	Ä
B	F	U	X	O	B	N	M	Y	X
R	D	F	F	X	K	U	R	V	E
A	B	X	M	Y	A	S	E	R	T
V	I	E	L	C	K	W	F	V	D

Pullover

_____

_____

_____

_____

_____

2 Schreibe zu jedem Bild ein Wort. Alle Wörter beginnen mit V. Markiere V.

Vampir • Viereck • Vase • Verband • Ventil • Vogel • Vorhang • Vulkan

   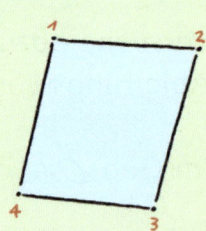

Ventil _____ _____ _____

_____ _____ _____ _____

3 Setze die Verben richtig in die Sätze ein.

verraten • vorlesen • verlaufen • vorsagen • verstehen • verpacken

Ich möchte Papa eine Geschichte *vorlesen* .

Ich _____ dir ein Geheimnis.

Morgen _____ ich ein Geschenk.

Ich _____ dich nicht.

Bei einem Test darf ich dir nicht _____ .

Im Einkaufszentrum kann ich mich leicht _____ .

4 Ordne die Zahlwörter.
Schreibe sie in der richtigen Reihenfolge auf.

vierzehn • vierzig • viertausend • vierundvierzig • vier • vierhundert

vier, _____

_____

5 Setze die Silben zu langen Wörtern zusammen. Schreibe sie auf.

Va   ding   Vo   Kin   Kla
            che   lo
le   nil   scheu   pul   ver   tas   tur   ta
        gel
    pud   der   vier

Vanillepudding, _____

_____

Merkwörter mit h

1 Schreibe die passenden Lösungen in das Rätselgitter.

Huhn • ~~Fühler~~ • Zähne • Zahl • Mehl • Hahn • Ohren • Lehrerin

Die Schnecke hat zwei …

| F | ü | h | l | e | r |
| | | h | | | |

Man hat zwei davon und hört damit.

| | | h | | | |

Es legt Eier.

| | | h | | | |

Man braucht es zum Kuchenbacken.

| | | h | | | |

Sie unterrichtet euch.

| | | h | | | | |

10 ist eine …

| | | h | | |

Er kräht am Morgen.

| | | h | | |

Ich muss sie jeden Tag putzen.

| | | h | | |

2 Schreibe die Wörter mit ihrem Artikel auf. Male **h** an.

die Fühler,

3 Bilde Nomen mit **Fahr**. Schreibe jedes Nomen mit dem Artikel.
Male in jedem Wort **h** an.

Fahr
- er
- stuhl
- rad
- zeug
- karte
- t

der Fahrer,

4 Bilde mit jeder Vorsilbe ein Wort. Male **h** an.
Schreibe die Nomen mit Artikel.

Aus
er
über
Ge
Rück   fahr
        fähr
ab
ge
Ein

en
t
lich

die Ausfahrt,

5 Bilde Sätze. Verwende in jedem Satz Wörter aus einem Kasten.

| Zahnarzt
bohren
Zahn | Frühling
blühen
Löwenzahn | Fahrrad
fahren
Führerschein |

Nomen kennen lernen

1 Kreuze alle Nomen an, die du auf dem Bild siehst.

☒ Spitzer	☐ Magnete
☐ Brot	☐ Trinkflasche
☐ Apfel	☐ Heft
☐ Schere	☐ Brotdose
☐ Brille	☐ Stundenplan
☐ Glas	☐ Radiergummi
☐ Bleistift	☐ Banane
☐ Kreide	☐ Tafel
☐ Schultasche	☐ Messer

2 Schreibe die angekreuzten Nomen auf.
Male alle großen Anfangsbuchstaben an.

Spitzer,

3 Trenne die Nomen und schreibe sie auf.
Male alle großen Anfangsbuchstaben an.

SCHULEFERIENKLASSELEHRERINMÄDCHENJUNGEPAUSESPORT

Schule,

(4) Ordne die Nomen in die passenden Spalten.

Tante   Mutter   Hase   Käfig   Katze   Stall   Baum
Blume   Vater   Kaktus   Pferd   Gras   Freund   Junge   Moos
Maus   Kiste   Zaun   Ente   Opa   Busch   Stein   Vogel   Korb

Menschen	Tiere	Pflanzen	Dinge
Tante			

(5) In jeder Zeile sind drei Nomen versteckt.
Unterstreiche die Nomen.

TEE   MERKEN   SCHLECHT   KEKS   TORTE

MILCH   BUTTER   HOLEN   SALAT   NEU

BREIT   TÜR   FENSTER   GEBEN   WAND

AUTO   FAHREN   AMPEL   LEUCHTEN   SCHILD

(6) Schreibe die Nomen von Aufgabe 5 richtig auf.

Tee,

Artikel

1 Male alle Dinge blau aus, zu denen der Artikel **eine** passt.

Korb	Birne	Drache	Kugel	Igel	Buch

Fahrrad	Tasse	Traube	Apfel	Haus	Auto

2 Ordne alle Nomen von Aufgabe 1 nach dem passenden Artikel:

der	die	das
Korb		

3 In jeder Zeile hat ein Nomen einen anderen Artikel als die anderen.
Streiche das Kuckucksei durch.

Blatt	Jahr	~~Regen~~	Gras
Erde	Kerze	Suppe	Keller
Teller	Wurst	Herbst	Tisch

4 Schreibe jede Zeile ohne das Kuckucksei.
Setze vor jedes Nomen den Artikel.

das Blatt,

5 Schreibe vor jedes Nomen den unbestimmten Artikel **ein** oder **eine**.

ein	Teller		Gabel		Löffel
	Messer		Tischdecke		Glas
	Tasse		Becher		Brotdose

6 In jedem Satz steht ein Artikel vor einem Nomen.
Unterstreiche den Artikel und das Nomen.

Um fünf Uhr beginnt das Kostümfest.

Anton ist der Vampir.

Die Zähne sind wirklich gruselig.

Die Hexe könnte Frau Meier sein.

Lissi, die Katze, wundert sich.

Was macht der Pirat dort draußen?

Der Sack ist für Süßigkeiten.

Später wird die Beute geteilt.

7 Passt der bestimmte oder der unbestimmte Artikel besser?
Setze die passenden Artikel ein.

Hanna hat _ein_ neues Computerspiel bekommen.

Ihre Freundinnen finden _____ Computerspiel toll.

Tim sucht _____ Geschenk.

_____ Geschenk soll für seine Schwester sein.

Marie braucht _____ neue Jacke.

Sie nimmt _____ Jacke mit den roten Streifen.

Einzahl und Mehrzahl

1 In dem Gitterrätsel sind die zehn Tiernamen versteckt. Kreise sie ein.

A	R	O	B	B	E	K	S	V	B
V	C	F	G	U	L	Ö	W	E	M
A	G	I	R	A	F	F	E	J	W
Y	I	T	I	G	E	R	D	A	N
E	S	J	S	N	Z	E	B	R	A
L	B	Ä	R	Z	V	O	G	E	L
B	Y	X	N	A	S	H	O	R	N
E	L	E	F	A	N	T	S	E	O
A	L	F	N	A	F	F	E	Ä	R

2 Schreibe die Tiernamen von Aufgabe 1 in die Tabelle.
Finde die Mehrzahlwörter.

Einzahl	Mehrzahl
die Robbe	*die Robben*

Sprache untersuchen

3 Setze die passenden Mehrzahlwörter ein:

Bücher • Sterne • Hefte • Schwestern • Äpfel • Vögel • Flugzeuge • Bananen

Am Nachthimmel sehe ich den Mond und die *Sterne* .

Im Ranzen habe ich _____ und _____ .

Auf dem Rollfeld stehen große _____ .

Im Vogelnest sitzen mehrere junge _____ .

Zu Hause habe ich einen Bruder und zwei _____ .

In meinen Obstsalat schneide ich _____ und _____ .

4 Schreibe die Mehrzahlwörter von Aufgabe 3 in der Einzahl auf.

der Stern, _____

_____

_____

5 Rechne und ergänze die Sätze.

1 Haus hat 1 Dach.   *4 Häuser haben 4 Dächer.*

1 Auto hat 4 Räder.   *3* _____

1 Hand hat 5 Finger.   *3* _____

1 Käfer hat 6 Beine.   *2* _____

Zusammengesetzte Nomen

1 Bilde aus den Puzzleteilen zusammengesetzte Nomen.
Schreibe sie mit dem Artikel auf.

Sommer	Märchen		Topf	Bett
Wasser	Suppen	Wetter		Kanne
Puppen	Kaffee		Ball	Buch

das Sommerwetter,

2 Trenne die zusammengesetzten Nomen durch einen Strich.
Schreibe dann beide Nomen mit Artikeln auf:

Sofa|kissen   *das Sofa, das Kissen*

Fußball

Vogelfutter

Tierpark

3 Finde vier sinnvolle zusammengesetzte Nomen.

	Hand		Heim
Berg	Spitze	Tier	Futter
	Hütte		Papier

die Bergspitze

Achtung, zwei Nomen passen nicht!

Sprache untersuchen

4 Schreibe zu jedem Bild ein zusammengesetztes Nomen.

das Vogelnest

5 Bilde zusammengesetzte Nomen. Manche Nomen musst du verändern.

Gurke • Blume • Ostern • Hund • Geburt • Wolle
Tag • Ferien • Pullover • Glas • Vase • Futter

das Gurkenglas,

6 Erkläre die zusammengesetzten Nomen.

Hamsterkäfig • Kuchenform • Futternapf

Ein Hamsterkäfig ist ein Käfig für

Verben

1 Finde acht Verben. Kreise sie ein.
Schreibe sie in die Zeilen.

G	H	W	S	C	H	L	A	F	E	N
A	S	I	C	B	S	W	L	U	P	A
L	G	Ä	H	N	E	N	B	M	R	F
E	L	B	R	Z	I	W	R	N	D	Ö
V	S	Z	S	C	H	R	E	I	E	N
N	R	Z	I	I	R	J	L	S	K	U
F	L	I	E	G	E	N	R	G	O	F
B	S	E	R	U	F	E	N	Y	Ö	E
V	S	K	O	U	S	U	C	H	E	N
D	F	R	E	S	S	E	N	E	S	W
G	R	A	B	E	N	Ö	A	N	N	C

schlafen

2 Setze die Verben in die Sätze ein.

springen • baden • tanzen • fangen • knabbern

Das Pferd *springt* über ein Hindernis.

Die Katze _____ eine Maus.

Der Hund _____ auf zwei Beinen.

Der Hase _____ eine Mohrrübe.

Der Vogel _____ in der Pfütze.

Achte auf die passende Verbform.

Sprache untersuchen

3 Schreibe die passenden Verbformen auf:

fragen • fliegen • malen

ich	lerne	*frage*		
du	lernst			
er sie es	lernt			
wir	lernen			
ihr	lernt			
sie (alle)	lernen			

4 Unterstreiche in jedem Satz das Verb.

Ein Polizeihund <u>verfolgt</u> Spuren.

Ein Blindenhund führt einen blinden Menschen.

Ein Hirtenhund behütet die Schafe.

Ein Schlittenhund zieht Schlitten mit Menschen und Sachen.

Ein Wachhund bewacht das Haus.

Ein Lawinenhund sucht Menschen im Schnee.

5 Schreibe die Verben aus Aufgabe 4 so auf:

verfolgt – verfolgen,

Adjektive kennen lernen

1 Schreibe zu den Bildern passende Adjektive.

schnell • bunt • saftig • heiß • fettig • hoch
teuer • lecker • reif • ~~flüssig~~ • salzig • spitz

flüssig

2 Finde die Gegensätze und schreibe sie in die passenden Zeilen.

~~heiß~~ • hoch • viel • schnell • salzig   langsam • kalt • wenig • niedrig • süß

heiß

3 Setze die fehlenden Adjektive ein:

neu • langsam • ~~stark~~ • dünn • groß

Heute weht ein *starker* Wind.

Tim ist mit seinem _____ Fahrrad unterwegs.

Er kommt nur _____ voran.

Leider hat er nur eine _____ Jacke an.

Der Wind bläst sie zu einer _____ Beule auf.

4 Was fehlt in dem Bild? Zeichne es ein.
Unterstreiche in den Sätzen die Adjektive.

Bunte Blumen blühen hinter dem Zaun.

Auf der grünen Wiese stehen braune Schafe.

Dem blauen Himmel fehlen dunkle Wolken.

Male dem dicken Mann einen schwarzen Hut.

Zeichne in das Haus ein kleines Fenster.

Wortstamm und Wortfamilie

(1) Unterstreiche alle Wörter der Wortfamilie **laufen**.

Die Bauers sind mit dem Auto
zum Wald gefahren. Auf dem Parkplatz
ziehen sie ihre Laufschuhe an.
Mama verteilt Trinkflaschen und
sagt zu Timo: „Achtung, sie darf
nicht auslaufen." Bello springt aus
dem Kofferraum. Er muss an die Leine,
damit er nicht weglaufen kann.
Endlich geht es los. „Bleibt auf dem Weg,
damit ihr euch nicht verlauft!", ruft Papa.
Er läuft mit Max voraus. Die beiden
sind gute Läufer.

(2) Bilde Wörter mit dem Wortstamm **steck**.

an	weg	ver	ein

stecken

Steck

er	dose	nadel	brief

anstecken,

_____

_____

(3) Kennzeichne jede Wortfamilie mit der gleichen Farbe.

Vorspiel	Kaufhaus	mitspielen	Spielregel	Spieler	einkaufen

Würfelspiel	käuflich	Einkaufstasche	überspielen	Verkauf

Sprache untersuchen

4 Streiche in jeder Zeile das Wort durch, das nicht in die Wortfamilie passt.

Fangarm   Fänger   Gefängnis   festhalten   einfangen

backen   Bäcker   Gebäck   Torte   Backblech   Backofen

Maler   malen   Pinsel   Gemälde   Bemalung   Malkasten

5 Setze passende Wörter der Wortfamilie **rufen** ein.

anrufen • Anruf • Beruf • Anrufbeantworter • zurückrufen

Am liebsten *rufe* ich Leute *an* . Opa wartet sonntags

auf meinen _____ . Wenn er nicht zu Hause ist, spreche ich

auf seinen _____ und er _____

_____ . Während der Woche kann ich meinen Opa nicht

_____ , denn er hat einen _____ , bei dem er sehr früh

aufstehen muss. Da wünscht er abends keinen _____ .

6 Finde Wörter mit den Wortstämmen **Bau/bau** und **Bad/bad**.
Unterstreiche die Wortstämme.

Bau/bau	Bad/bad

Wörterspiele

1 Lies laut. Unterstreiche in jedem Satz die Reimwörter.

Ein Fisch, so frisch, liegt unterm Tisch.

Mit ihren Nasen machen Hasen Seifenblasen.

In der Ecke kriecht die Schnecke auf die Decke.

In der Wiege liegt die Ziege mit der Fliege.

Im Sturm sitzt ein Wurm auf dem Turm.

Heute trägt sogar der Wal einen Schal aus dem Regal.

2 Entziffere die geheime Botschaft.

A	B	C	D	E	F	G	H	I	J	K	L	M
1	2	3	4	5	6	7	8	9	10	11	12	13

N	O	P	Q	R	S	T	U	V	W	X	Y	Z
14	15	16	17	18	19	20	21	22	23	24	25	26

1	3	8	20	21	14	7
A	C					

7	5	8	5	9	13

23	9	18

20	18	5	6	6	5	14

21	14	19

8	5	21	20	5

21	13

4	18	5	9

1	13

2	1	21	13

2	9	20	20	5

11	15	13	13

9	3	8
11	15	13	13	5
1	21	3	8

3 Schreibe verschlüsselte Botschaften an deine Freunde.

4 Wähle aus jedem Rahmen einen Anfangsbuchstaben.
Bilde aus den Wörtern mit diesem Anfangsbuchstaben einen Satz.

kauft Hanno Husten Kim Kuchen hat	Burgen Katzen kecke Ben kratzen bei Brit bastelt Kinder	Kreisel Mia können mag kaufen Kinder Mäuse	fängt singt Fliegen Sven Frido Frosch Seifenopern

Kim kauft Kuchen.

5 Lies die Wörter richtig und möglichst schnell vor.

Gartenkinder   Hausbaum   Buchbilder   Zeugspiel   Wehrfeuer

Zaungarten   Wurmohr   Schüsselsalat   Schirmlampen   Ballfuß

6 Schreibe die Wörter richtig auf. Benutze Artikel.

der Kindergarten,

Wörter durch Wortbausteine verändern

① Was macht Timo gerne? Setze die passenden Wortbausteine ein.

aus • aus • aus • ein • ein • auf • aus • ab • zu • zu • mit • ver • an

ein Geschenk *auspacken* , Freunde *laden*

lange *bleiben* , sich einen Wunsch *denken* ,

den Puddinglöffel *lecken* , beim Fußball *schauen* ,

alleine *kaufen* , Preisausschreiben *füllen* ,

bei Großen *spielen* , in den Ferien *reisen* ,

seinen Opa *rufen* , Bilder *malen* ,

wenn Erwachsene erzählen, *hören*

② Schreibe auf, was du gerne machst.
Wähle aus Aufgabe 1 oder finde eigene Beispiele.

Ich packe gerne ein Geschenk aus.

Sprache untersuchen

3 Unterstreiche die Verben mit Wortbausteinen.
Zeichne zwischen Wortbaustein und Verb die Wortgrenze ein.

Die Heinzelmännchen sollen die Wohnung aufräumen,

den Tisch abdecken, die Tischdecke ausschütteln,

das Geschirr abwaschen, den Müll wegbringen,

die Wäsche aufhängen, den Garten umgraben

und Blumen einpflanzen.

Wenn wir überlegen, wird uns bestimmt

noch mehr Arbeit für sie einfallen.

4 Trage alle Wortbausteine und Verben getrennt ein.

Wortbausteine	Verben
auf, ab,	*räumen, decken,*

5 Schreibe Verben, die zu den Wortbausteinen passen.

singen

vor

mit

Aussagesätze und Fragesätze

1 Verbinde die passenden Satzteile.

Die Clowns	zeigt	Einrad.
Kleine Ziegen	spielen	seinen Zylinder.
Akrobaten	springen	durch Reifen.
Der Zauberer	hüpft	Harmonika.
Ein Hase	klatschen	begeistert.
Alle Kinder	fahren	heraus.

2 Wähle vier Sätze und schreibe sie auf.

Die Clowns spielen Harmonika.

3 Verbinde passende Fragen und Antworten.
Ergänze die Satzzeichen.

Wie heißt ein
altes Zauberwort ?

Ein großer Zauberer
heißt Merlin

Womit zaubern
viele Zauberer

Jeder kann
Zaubertricks lernen

Kennst du den Namen
eines Zauberers

Sie nehmen
einen Zauberstab

Wer kann
Zaubertricks lernen

Abrakadabra ist
ein altes Zauberwort .

4 Wandle die Aussagesätze in Fragesätze um.

Leyna erzählt schöne Geschichten.	*Erzählt Leyna schöne Geschichten?*
Jan und Samira arbeiten gut zusammen.	
Die ganze Klasse geht in die Bücherei.	
Alle Kinder machen gerne Hausaufgaben.	

5 Ein neuer Schüler ist in die Klasse gekommen.
Suche passende Fragen zu seinen Antworten.

Wie	Alexander, aber alle sagen Lexi zu mir.
	Ja, eine Schwester, sie ist in der 4a.
	Ich bin 7 Jahre alt.
	Ja, am liebsten im Tor.

Satzarten und Satzschlusszeichen

1 Robo macht alles falsch. Gib ihm neue Befehle.

Robo soll

die Blumen in die Vase stellen

den Tee in die Tasse gießen

die Eierschalen in den Müll werfen

das Geschirr ins Regal stellen

das Küchenfenster putzen

den Fußboden kehren

Stelle die Blumen

Gieße

Wirf

Sprache untersuchen

2 Sprich Satz für Satz. Trage die fehlenden Satzschlusszeichen ein.
Es sind acht Punkte, zwei Fragezeichen, zwei Ausrufezeichen.

Mama wartet an der Tür .　Anne ist ganz aufgeregt ☐

Sie sucht ihr neues Buch ☐　Wo steckt es nur ☐

Gestern hat sie noch darin gelesen ☐

Sie will es gern zu ihrer Cousine mitnehmen ☐

Wer könnte es weggeräumt haben ☐

Zu blöd, dass sie es nicht früher gesucht hat ☐

Nun kann sie es erst beim nächsten Mal zeigen ☐

„Komm endlich, wir verpassen den Zug ☐ "

Mama klingt jetzt richtig ungeduldig ☐　Anne rennt los ☐

3 Schreibe zu jedem Bild einen Aussagesatz,
einen Fragesatz und einen Aufforderungssatz.

Kleine Texte schreiben

1 Kreuze das richtige Bild zum Text an.

> Es hat eine Tür und drei Fenster.
>
> Eine Familie wohnt darin.
>
> Das Dach ist rot.
>
> Davor ist ein Garten.
>
> Auf der Wiese stehen zwei Bäume.

2 Schreibe einen Rätseltext zu einem der anderen Bilder.

Es hat eine Tür und

3 Kreuze die Stichwörter an, die zum Trampolin passen.

X Sportgerät

☐ damit hupen

☐ ist rund

☐ steht auf Ständern

☐ hat ein Lenkrad

☐ Auspuff hinten

☐ ist eckig und rot lackiert

☐ hat ein Sprungtuch

☐ Fahrzeug

☐ darauf hüpfen

☐ fährt auf Rädern

☐ Netz außen herum

4 Beschreibe das Trampolin. Die angekreuzten Stichwörter helfen dir.

Das Trampolin ist ein S

5 Beschreibe den Kuchen auf dem Bild.

| Farbe | schmeckt nach | ist verziert mit |

Der Kuchen

Geschichten vorbereiten

1 Nummeriere die Textkästen in der richtigen Reihenfolge.

Wann?

[ ] Er war an einem
stürmischen Morgen
im Herbst unterwegs.

Wer?

[1] Felix war
ein kleiner Junge
mit einer coolen Mütze.

Wo?

[ ] Durch den Park lief er
zur Schule.

Was?

[ ] Plötzlich blies der Wind
seine Mütze auf einen Ast.

2 Schreibe die Geschichte ohne die Fragewörter in der richtigen Reihenfolge ab.

So ein Pech!

Felix

3 Welcher Kasten gehört zu welcher Frage?
Schreibe hinter jede Frage alle Stichwörter.

| schaukeln, Eis im Sand | Anna, Mädchen, 7 Jahre alt | Spielplatz, Schaukel | Sommertag, heiß |

Wer? *Anna,*

Wann?

Wo?

Was passiert?

4 Schreibe mit den Stichwörtern aus Aufgabe 3 eine kurze Geschichte.

Anna

Geschichten entwickeln

1 Wähle aus (x), was Max und Lena tun.
Wähle aus (x), was passiert.

Was tun Max und Lena?

☐ Fußball spielen

☐ schwimmen gehen

☐ ein Geschenk einkaufen

Was passiert?

☐ Geld vergessen

☐ Gewitter zieht auf

☐ Unfall passiert

2 Stelle dir genau vor, was Max und Lena passiert.
Male Bilder oder schreibe Stichwörter in die Rahmen.

1

2

3

4

Texte verfassen

3 Schreibe auf, was Max und Lena erleben.

(leere Schreiblinien)

4 Überarbeite deine Geschichte. Kreuze an, was du erledigt hast.

Ich habe geprüft,

- ☐ ob der Text eine **Überschrift** hat.
- ☐ ob alle **Satzanfänge** großgeschrieben sind.
- ☐ ob alle **Nomen** großgeschrieben sind.
- ☐ ob nach jedem Satz ein **Satzzeichen** steht.
- ☐ ob ich **unterschiedliche Satzanfänge** benutzt habe.

Hast du an alles gedacht?

Bildergeschichten aufschreiben

1 Schreibe neben jedes Bild den passenden Satz.

Er fliegt immer höher,
genau auf die Schaukel zu.

Lotte lässt ihren neuen Hubschrauber
im Garten fliegen.

Der Hubschrauber
landet sicher und Lotte
liegt im Planschbecken.

Lotte rennt
mit der Fernbedienung hinterher.

Lotte lässt

② Ergänze die Stichpunkte zu den Bildern.

Tim, Computer,

③ Schreibe die Geschichte aus Aufgabe 2 auf.

Das spannende Computerspiel

Texte überarbeiten

1 Gleiche Satzanfänge klingen langweilig. Streiche sie durch.
Ersetze sie durch unterschiedliche Satzanfänge.

| Schnell | Auf einmal | Plötzlich | Traurig |

Das Mädchen spielt im Hof
mit einem neuen Ball.

Auf ~~Dann~~ rollt der Ball zum Hoftor hinaus.

Dann läuft das Mädchen hinterher.

Dann kommt ein Hund und beißt in den Ball.

Dann ruft das Mädchen: „Der schöne, neue Ball!"

2 Schreibe die Geschichte aus Aufgabe 1 mit den neuen Satzanfängen auf.
Finde einen Namen für das Mädchen.

_____ spielt im Hof mit

einem neuen Ball. Auf einmal

3 Prüfe Satzanfänge, Nomen und Satzzeichen.
Finde die sieben Fehler und male sie an.

wenn ich spiele, stört mich manchmal der hund von nebenan

Gerne beißt er in meinen wunderschönen ball.

gestern ist der neue Ball dabei mit einem lauten knall zerplatzt

4 Schreibe den Text ohne Fehler ab.

Wenn ich spiele,

5 Ersetze das Verb **essen** durch passende Verben.

schmatzen   schlecken   kauen   probieren   verspeisen

Hurra, ein Picknick. Wir _____ von allen Speisen ein bisschen.

„Nicht so laut _____!", ruft Mama.

Wir _____ alles bis auf den letzten Krümel.

Zum Schluss _____ wir noch leckeres Eis.

Den Zahnputz-Kaugummi müssen wir ganz schön lange _____.

Informationen sammeln

1 Lies den Text über Honigbienen.
Unterstreiche zu jeder Frage die passende Antwort.

Honigbienen

In jedem Bienenvolk gibt es eine Königin,
viele Arbeiterinnen und einige Drohnen.
Die Drohnen sind die männlichen Bienen.
Die Arbeiterinnen bauen kleine Kammern aus Wachs.
Diese Kammern nennt man Waben.
Außerdem sammeln die Arbeiterinnen Nektar und
Blütenstaub aus Blüten. Aus Nektar entsteht später
der Honig. Die Königin ist die größte Biene.
Sie legt viele Eier in die Waben. Aus den Eiern
schlüpfen Larven. Nach etwa drei Wochen
verwandeln sich die Larven in Bienen.

1. Wie heißen männliche Bienen?

2. Wie heißen die kleinen Kammern aus Wachs?

3. Woraus entsteht der Honig?

4. Welche ist die größte Biene?

5. Wie lange dauert es, bis aus der Larve eine Biene wird?

2 Ergänze die Antworten auf die Fragen.

1. Männliche Bienen heißen *Drohnen.*

2. Die Kammern

3. Honig entsteht

4. Die größte Biene

5. Es dauert

③ Lies den Text. Antworte in kurzen Sätzen.

Die Dinosaurier lebten vor vielen Millionen Jahren.
Manche hatten Hörner, Panzer, messerscharfe Klauen
und große Zähne. Einige bewegten sich auf vier Beinen,
andere konnten auf zwei Beinen laufen.
Die Dinosaurier waren Pflanzenfresser,
die sich von Blättern, Zweigen und Gras ernährten,
oder Fleischfresser, die andere Tiere fraßen.
Vor etwa 65 Millionen Jahren starben sie plötzlich aus.

Wie bewegten sich die Dinosaurier fort?	Was fraßen die Pflanzenfresser?	Wann starben die Dinosaurier aus?

④ Überlege dir weitere Fragen zum Text.
Unterstreiche, wo du die Antworten dazu findest.

Wann lebten

Texte vortragen

1 Lies den Märchenanfang. Mache nach jedem Satzende
einen Strich. Unterstreiche in jedem Satz zwei Wörter,
die du beim Vorlesen betonen willst.

Rotkäppchen

Es war einmal ein kleines, süßes <u>Mädchen</u>,
das jeder <u>lieb</u> hatte. Am allerliebsten aber
hatte es seine Großmutter. Einmal schenkte sie
ihm ein Käppchen aus rotem Samt.
Und weil es nichts anderes mehr tragen wollte,
hieß es von nun an Rotkäppchen.
Eines Tages sprach seine Mutter zu ihm:
„Komm, Rotkäppchen, da hast du ein Stück Kuchen
und eine Flasche Wein, bring das der Großmutter hinaus.
Sie ist krank. Sei artig und lauf nicht vom Weg ab.
Und wenn du in ihre Stube kommst,
so vergiss nicht guten Morgen zu sagen,
und guck nicht erst in allen Ecken herum."
„Ich will schon alles gut machen", sagte Rotkäppchen.

2 Übe, den Märchenanfang vorzutragen.

3 Markiere dir für den Vortrag der Verse die Pausen.
Unterstreiche die Wörter, die du betonen willst.

> Rotkäppchen folgte der Mama, ging in den Wald hinein.
> Da schlich der böse Wolf heran und sprach zum Kindelein:

> „Sag Rotkäppchen, wo gehst du hin, ein Mädchen so allein?"
> „Ich geh zu meiner Großmama und bring ihr Kuchen und Wein."

> Der Wolf, er eilte ihr voraus und fraß die Großmama.
> Er legte sich ins Bett hinein. Da war auch Rotkäppchen schon da.

4 Lerne die drei Verse auswendig und trage sie vor.

5 Ordne die passenden Antworten des Wolfs zu.

Damit ich dich besser sehen kann.	Damit ich dich besser fressen kann.
Damit ich dich besser hören kann.	Damit ich dich besser packen kann.

Ei, Großmutter, was hast du für große Ohren?

Damit ich dich

Ei, Großmutter, was hast du für große Augen?

Ei, Großmutter, was hast du für große Hände?

Aber, Großmutter, was hast du für ein entsetzlich großes Maul?

6 Übe das Gespräch zwischen Rotkäppchen und Wolf mit einem Partnerkind.

7 Wer spricht wie? Ordne die Stimmen zu.

ängstlich   streng   unheimlich   fröhlich   tief und freundlich

Mutter   *streng*

Rotkäppchen
im Wald

Wolf
im Wald

Rotkäppchen
in Großmutters Stube

Wolf
in Großmutters Stube

Einladungen schreiben

1 Zwei Sätze passen nicht zu einer Geburtstagseinladung.
Streiche sie durch.

Liebe Anna!

Ich lade Dich zu meinem Ritterfest ein. Es gibt Drachenblut und Arme Ritter. Alle sollen sich passend verkleiden. Indianer tragen Federn auf dem Kopf. Das Fest findet bei mir zu Hause statt. Die Adresse ist: Auf der Breite 9. Im Wald stehen viele Bäume. Am 3. August um 14 Uhr geht es los. Um 18 Uhr kannst Du abgeholt werden.

Viele Grüße! Dein Linus

2 Schreibe die Einladung von oben richtig auf.

Liebe Anna!

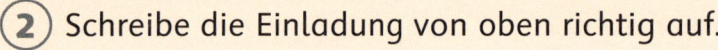

Texte verfassen

3 Denke dir eine Feier aus. Ergänze die Einladung.

Einladung zu

Anrede

Liebe

Einladung wozu

Ich lade dich

Ort

Die Adresse ist:

Datum, Beginn

Ende

Grüße

4 Was darf man bei einer Einladung nicht vergessen? Kreuze an.

- ☐ Anrede
- ☐ Frisur
- ☐ Schultasche
- ☐ Uhrzeit
- ☐ Telefonbuch
- ☐ Adresse
- ☐ Datum
- ☐ Anlass
- ☐ Gruß

Steckbriefe und Diagramme

① Bei jedem abgebildeten Kind fehlt etwas aus dem Steckbrief.
Vergleiche genau. Ergänze auf den Bildern, was fehlt.

Name:	Tim	Name:	Paula
Haare:	braun und kurz	Haare:	schwarze Zöpfe
Augen:	blau	Augen:	braun
Merkmal:	Brille	Merkmal:	lange Ohrringe
Lieblings-kleidung:	kurze Hosen	Lieblings-kleidung:	Blumenkleider
Eigenschaft:	oft schlecht gelaunt	Eigenschaft:	weiß alles besser
Hobby:	Skateboard fahren	Hobby:	Bücher

② Ergänze den Steckbrief.

Name: *Hakan*

Haare:

Augen:

Merkmal:

Lieblings-kleidung:

Eigenschaft:

Hobby:

③ Male eine Person. Schreibe den passenden Steckbrief.

Name:

Haare:

Augen:

Merkmal:

Lieblings-
kleidung:

Eigenschaft:

Hobby:

④ Zeichne ein Diagramm. Ein Kind = ein Kästchen.

Jungen	Mädchen	Brillen	Ohrringe	Kleider/Röcke	kurze Haare	Zöpfe

Bastelanleitungen

 1 Ordne die Bastelanleitung für Papierhände.

Bestreiche deine Hand mit Fingerfarbe.

Drücke die gespreizte Hand fest auf ein weißes Papier.

Du brauchst: Pinsel, Fingerfarbe, Papier, Stift, Schere.

Schreibe den Namen auf die Hand.

Schneide die Hand aus.

Du brauchst: Pinsel,

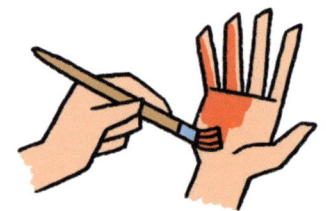

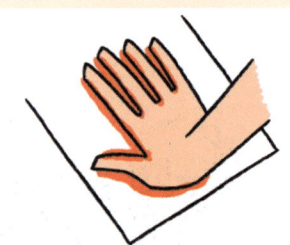

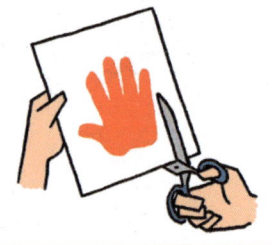

Texte verfassen

(2) Nummeriere die Sätze der Bastelanleitung in der richtigen Reihenfolge.

☐ Schneide ein Stück Pappe aus –
ein wenig größer als die Rolle.

☐ Du brauchst: 1 leere
Toilettenpapierrolle, Pappe,
Buntpapier, Tesafilm, Schere

☐ Klebe die bunte Rolle auf die Pappe.
Nun kannst du Stifte hineinstellen.

(3) Kreuze nur die Stichworte an, die zum Schmetterlingsbild passen.

☒ Du brauchst: Papier, Wasserfarbe, Pinsel

☐ Streichholz in die Kastanie stecken

☐ Blatt falten und wieder aufklappen

☐ Farbkleckse in eine Blatthälfte malen

☐ Faden in die Nadel einfädeln

☐ Blatt noch einmal falten und darüberstreichen

☐ Schmetterlinge erscheinen beim Aufklappen

(4) Schreibe die Bastelanleitung in ganzen Sätzen auf.

Du brauchst: Papier,

Rezepte

(1) Nummeriere die Rezeptschritte in der richtigen Reihenfolge.
Schreibe danach das Rezept auf.

☐	Äpfel schälen, raspeln und sofort in die Soße geben.

☐	auch Möhren schälen, raspeln und zu der Apfelsoße geben.

☐	alles gut durchrühren.

1	Zutaten: 2 Möhren, 2 Äpfel, 1 Teelöffel Zitronensaft, 1 Esslöffel Öl, 1 Esslöffel Wasser, 1 Esslöffel Zucker.

☐	aus Zitronensaft, Wasser, Zucker und Öl eine Soße anrühren.

Zutaten:

_____

_____

Zuerst

_____

Danach

_____

Anschließend

_____

_____

Zum Schluss

_____

Texte verfassen

② Leckerer Eistee!
Ergänze das Rezept.

Zutaten: 1 Liter Wasser, Saft von 4 Zitronen,
5 Esslöffel Zucker, 6 Beutel Früchtetee

Zuerst

Danach

Zum Schluss

③ Oh lecker, Keks am Spieß! Schreibe das Rezept auf.

Doppelkekse   Holzspieße   Gummibärchen   Glasur

Zuerst

Gedichte schreiben

1 Wähle eine Jahreszeit für ein Wortgedicht.
Schreibe die Buchstaben der Jahreszeit untereinander in die Kästchen.

H E R B S T   W I N T E R

2 Schreibe in jede Zeile ein Wort, das mit dem Buchstaben
im Kästchen beginnt. Es soll zur Jahreszeit passen.

September   Trauben   Ernte   Blätter

Eiszapfen   Haselnüsse   Rauch   Regen

Weihnachten   Iglu   Nikolaus   Tannenbaum

3 Setze die Zeilen des Frühlingsgedichts an den passenden Stellen ein.

| der Wiesengrund | und malt sich täglich bunter. |

| die kleinen Maienglocken blühn |

Die Luft ist blau, das Tal ist grün,

die _____

und Schlüsselblumen drunter;

_____

ist schon so bunt

_____

Ludwig Hölty

4 Ergänze die Reime des Herbstgedichts.

Langsam fällt jetzt Blatt für Blatt

von den bunten Bäumen *ab*.

Jeder Weg ist dicht besät

und es raschelt, wenn man _____.

Bunte Blätter falln vom Baum,

schweben sacht, man hört es _____.

Plötzlich trägt ein Wind sie fort,

wirbelt sie von Ort zu _____.

Wie sie flattern, wie sie fliegen,

sinken und am Boden _____.

Erna Fritzke

Botschaften schreiben und entschlüsseln

1 Schreibe das ABC auf der äußeren Scheibe fertig.

2 Entziffere die Wörter und schreibe sie auf.

AVALURVWM   *Totenkopf*

ZJOHAGRHYAL

HBNLURSHWWL

OVSGILPU

NVSKZJOHAG

RSHIHBALYTHUU

3 Achte auf die Anfangsbuchstaben. Schreibe die Wörter.

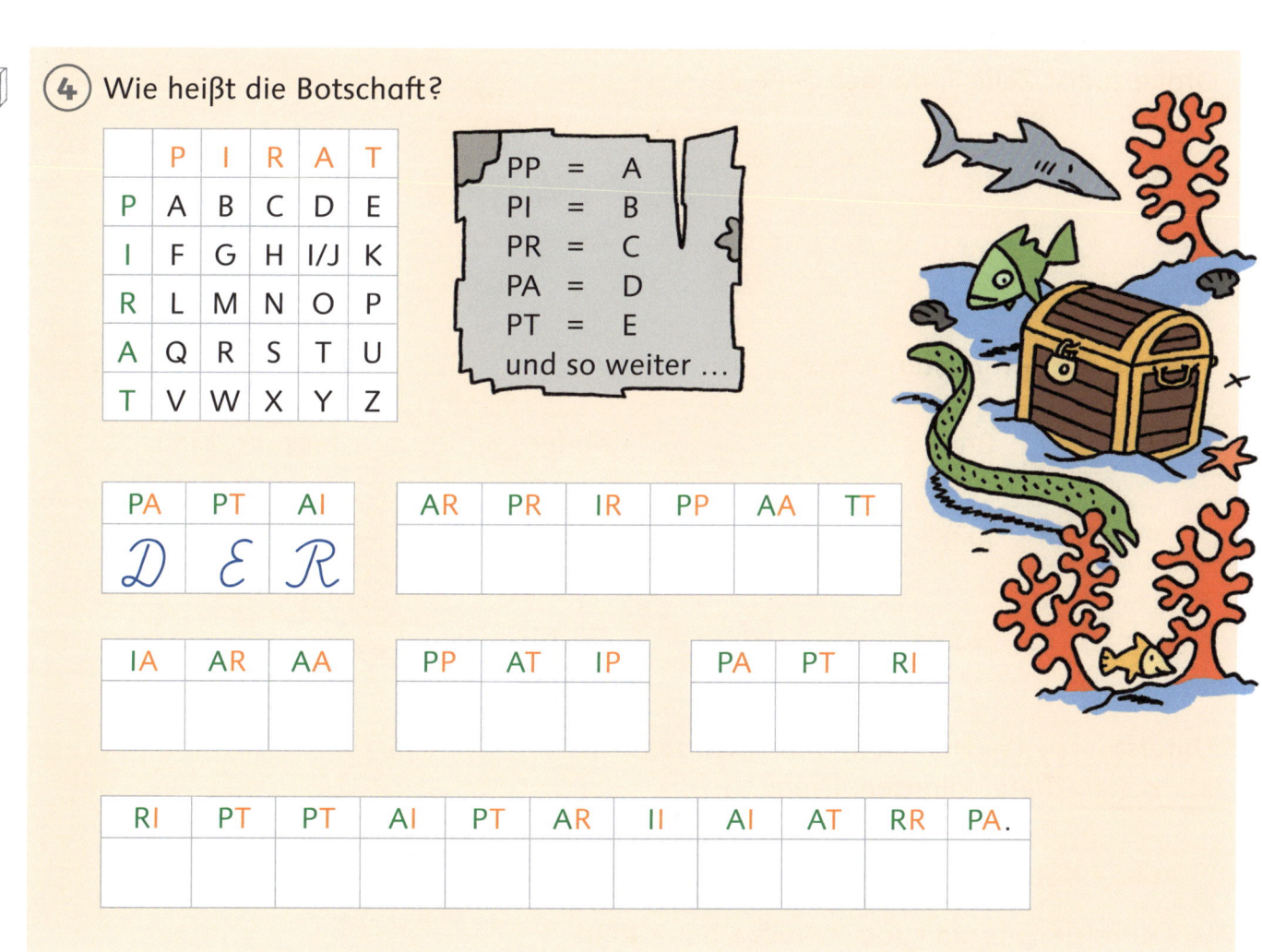

Pirat

4 Wie heißt die Botschaft?

	P	I	R	A	T
P	A	B	C	D	E
I	F	G	H	I/J	K
R	L	M	N	O	P
A	Q	R	S	T	U
T	V	W	X	Y	Z

PP = A
PI = B
PR = C
PA = D
PT = E
und so weiter …

PA	PT	AI
D	E	R

AR	PR	IR	PP	AA	TT

IA	AR	AA

PP	AT	IP

PA	PT	RI

RI	PT	PT	AI	PT	AR	II	AI	AT	RR	PA.

1. Jo-Jo-Seite

(1) Schreibe unter jedes Bild das passende Nomen.

Punkte
8

(2) Ordne die Nomen aus Aufgabe 1 nach dem ABC.
Ordne zuerst Zeile 1, danach Zeile 2.

Punkte
8

(3) Ergänze die bestimmten Artikel.

Punkte
9

Brot	Koffer	Kind
Bett	Klasse	Hund
Name	Garten	Katze

(4) Unterstreiche die Nomen in diesen Farben:
Menschen, Tiere, Pflanzen, Dinge.

Punkte
12

Auto • Katze • Mutter • Apfel • Hund • Mann

Kürbis • Fahrrad • Igel • Nuss • Bus • Kind

zu den Sprachbuchkapiteln 1–3:
Großschreibung von Nomen; ABC-Ordnung anwenden;
bestimmte Artikel zuordnen; Nomen nach Oberbegriffen ordnen

2. Jo-Jo-Seite

1 Setze die fehlenden Selbstlaute ein.

Hf Knd Bnk Hft

Strn Tsch Brt Hmd

2 Schreibe die Nomen mit dem bestimmten Artikel auf.

3 Setze die Mitlaute am Wortanfang ein.
Schreibe die Nomen mit dem unbestimmten Artikel auf.

latt eller atze aus aus

4 Ergänze die Anfangsbuchstaben der Nomen.
Du erhältst Reimwort-Drillinge.

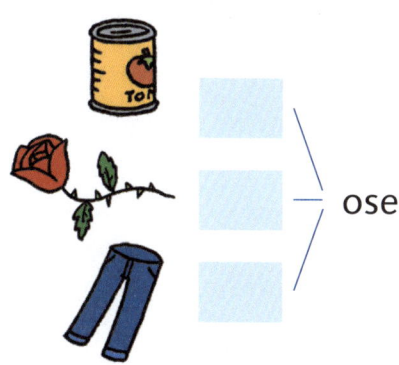

ose

  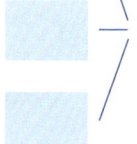

opf

zu den Sprachbuchkapiteln 1–3:
Selbstlaute und Mitlaute; Großschreibung
von Nomen; Reimwörter bilden

3. Jo-Jo-Seite

Punkte
6

1 Ordne jedem Bild ein passendes Verb zu.

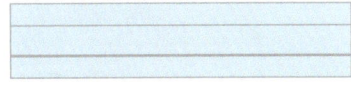 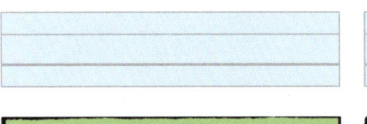

| schreiben |
| spielen |
| schlafen |
| arbeiten |
| schlecken |
| lesen |

Punkte
6

2 Setze die Verben aus Aufgabe 1 in der richtigen Form ein.

Opa _____ im Garten.

Lisa _____ einen Brief.

Das Baby _____ ruhig im Wagen.

Sven _____ ein spannendes Buch.

Tom und Sabrina _____ Ball.

Ayshe _____ ein großes Eis.

Punkte
3

3 Finde in jeder Zeile das Verb und unterstreiche es.

OPA	EIS	BALL	ESSEN	BRIEF
BABY	LESEN	GARTEN	BALL	
BUCH	EIS	WAGEN	SCHLAFEN	

zu den Sprachbuchkapiteln 1–3:
Grundformen zu Bildern ordnen; flektierte Formen bilden
und einsetzen; Verben und Nomen unterscheiden

4. Jo-Jo-Seite

(1) Finde heraus, wo die Sätze enden.
Setze nach jedem Satzende einen Punkt.

Punkte
4

heute Nacht hat es endlich geschneit die Kinder freuen sich auf die erste Schlittenfahrt sie wollen auch einen Schneemann bauen er soll eine Mohrrübe als Nase bekommen

(2) Schreibe den Text ab.
Überlege, worauf du achten musst.

Punkte
8

(3) Lies die Sätze laut.
Setze nach jedem Satz das Satzschlusszeichen.

Punkte
6

Du bist aber heute schlecht gelaunt

Holst du mich zum Fußballspielen ab

Ich bezahle das Eis von meinem Taschengeld

Lass mich in Ruhe

Kannst du mir mal helfen

Ich gehe gern zum Klavierunterricht

! !

. .

? ?

zu den Sprachbuchkapiteln 4–6:
Satzgrenzen erkennen; Großschreibung am Satzanfang;
Satzschlusszeichen setzen

5. Jo-Jo-Seite

(1) Setze die Wörter richtig in den Text ein.

Punkte
5

Baumhaus • Astgabel • Waldrand • Holzleiter • Spielplatz

Achmet hat sich ein _____ gebaut.

Es ist hinter dem Dorf am _____ .

Das Baumhaus ist in eine dicke _____ gebaut.

Er erreicht es über eine _____ .

Bei Regen ist dort für ihn der gemütlichste _____ .

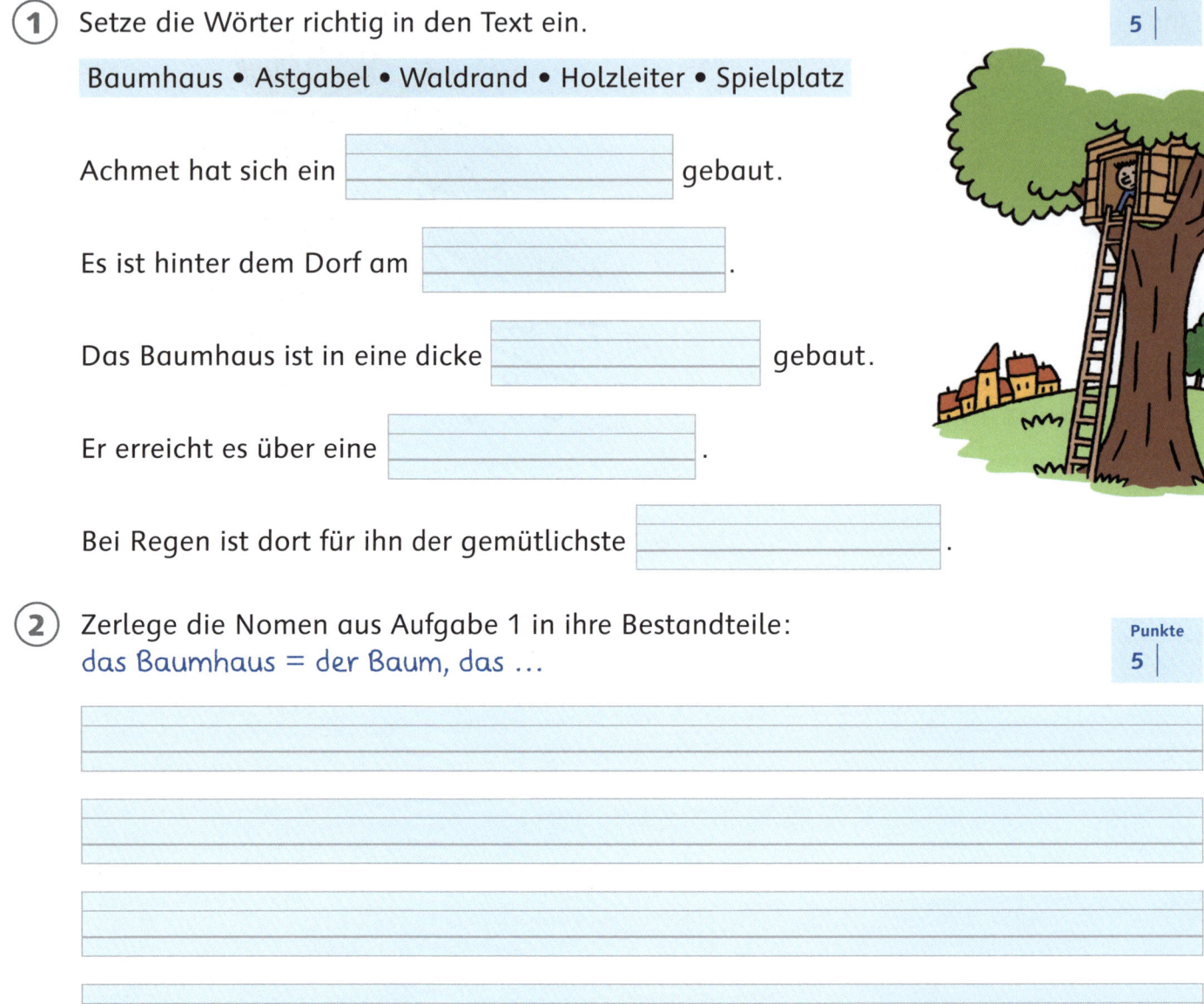

(2) Zerlege die Nomen aus Aufgabe 1 in ihre Bestandteile:
das Baumhaus = der Baum, das …

Punkte
5

_____

_____

_____

_____

_____

(3) Übermale in jedem Wort den Zwielaut:
au = grün, ei = rot, eu = gelb.

Punkte
16

Baum	Schwein	Feuer	Haus	zeigen
laut	Teufel	Pause	heiß	schreiben	kaufen
Freude	Maus	leise	Weihnachten	fein

zu den Sprachbuchkapiteln 4–6:
zusammengesetzte Nomen in Lückentext einsetzen;
zusammengesetzte Nomen trennen; Zwielaute erkennen

6. Jo-Jo-Seite

1 Schreibe zu jedem Nomen die Mehrzahl.

das Buch

der Kopf

die Hand

das Haus

der Garten

die Puppe

das Schiff

das Spiel

2 Schwinge die Wörter. Setze Silbenbögen.

Buch	Hände

Garten	Schiff

Köpfe	Haus

Spiel	Puppe

3 Immer zwei Nomen gehören zusammen.
Schreibe die zusammengesetzten Nomen mit dem Artikel auf.

Haus   Apfel   Schnee   Segel

Ball   Schiff   Tür   Kuchen

zu den Sprachbuchkapiteln 4–6:
Mehrzahlformen bilden; Silbenbögen setzen;
zusammengesetzte Wörter bilden

79

7. Jo-Jo-Seite

1 Setze **Sp/sp** oder **St/st** richtig ein.

das ____iel ____ringen die ____adt ____ehen der ____ein

____ät der ____ort ____ecken ____itz der ____ern

2 Welche Wortbausteine passen zu **suchen**?
Schreibe die neuen Verben auf.

be   an   über   aus   ein   ver   durch   ob   unter

suchen

_____

_____

3 Setze das Verb **suchen** mit den
passenden Wortbausteinen ein.

Papa will sein Glück beim Lotto _____ .

Der Kommissar wird den Diebstahl _____ .

Am Sonntag werde ich meine Tante _____ .

Ich darf mir im Buchladen ein Buch _____ .

Jemand hat meinen Schreibtisch _____ .

zu den Sprachbuchkapiteln 7–9:
Wörter mit Sp/sp und St/st richtig schreiben;
Verben mit Vorsilben bilden und in Sätzen verwenden

8. Jo-Jo-Seite

① Suche alle Wörter mit **ie**. Male **ie** an.

Punkte
8

Heute ist ein warmer Frühlingstag.

Auf der großen Wiese im Park spielen viele Kinder.

Ein dicker Mann liegt im Liegestuhl und liest Zeitung.

Die alte Frau auf der Bank sieht den Kindern zu.

② Lies den Text aus Aufgabe 1.
Beantworte die Fragen in kurzen Sätzen.

Punkte
4

Wie ist der Tag?

Wie ist die Wiese?

Wie ist der Mann?

Wie ist die Frau?

③ Verbinde die Gegensatzpaare.

Punkte
8

dünn   warm

jung

klein

groß

alt

kalt   dick

fröhlich

langsam

leer

weit

schnell

voll

nah

traurig

④ Schreibe die Gegensatzpaare aus Aufgabe 3 auf.

Punkte
8

zu den Sprachbuchkapiteln 7–9:
Wörter mit ie finden; Fragen zum Text beantworten;
Gegensatzpaare verbinden und aufschreiben

81

9. Jo-Jo-Seite

1 Unterstreiche jede Wortfamilie mit einer anderen Farbe:
spielen, essen, laufen.

Punkte
20

Spielerin	laufend	essbar	Spielplatz	Esstisch
verlaufen	Würfelspiel	Laufband	Spielzeug	gegessen
Essecke	spielerisch	Esslöffel	Läufer	Mittagessen
Ballspiel	Essenszeit	auslaufen	vorspielen	Wettlauf

Punkte
20

2 Schreibe die Wörter nach Wortfamilien geordnet auf.

spielen:

essen:

laufen:

Punkte
3

3 Übermale in jeder Reihe das Adjektiv.

gehen   laufen   rennen   schleichen   schnell   wandern

Kind   Baby   Mädchen   klein   Junge   Knirps

Sonne   regnen   leise   Hagel   schneien   Wind

zu den Sprachbuchkapiteln 7–9:
Wortfamilien finden und geordnet aufschreiben;
Adjektive von Nomen und Verben unterscheiden

10. Jo-Jo-Seite

Punkte 6 |

1 Lies die Sätze in den Sprechblasen laut.
Setze nach jedem Satz das richtige Satzzeichen.

Wer will zuerst erzählen

Hört mal alle zu

Ich war gestern im Zoo

Hast du die Robben gesehen

Ich habe ein Bild mitgebracht

Zeig mal her

Punkte 6 |

2 Ordne die Sätze den richtigen Satzarten zu.

Aussagesätze:

Fragesätze:

Ausrufesätze:

zu den Sprachbuchkapiteln 10–12:
Satzarten unterscheiden; Satzschlusszeichen richtig setzen;
Sätze den passenden Satzarten zuordnen

83

11. Jo-Jo-Seite

(1) Zeichne die Silbenbögen unter die Wörter.

Punkte 19

Es   streicht   ein   warmer   Sommerwind

durch   Gräser,   Blüten,   Blätter.

Er   schiebt   die   Regenwolken   fort

und   bringt   uns   gutes   Wetter.

Wolfgang Spode

(2) Setze die passenden doppelten Mitlaute ein.

Punkte 4

nn   pp   ss   tt

Mu ⟩
Bu — ⟩ ____ er
We ⟩

So ⟩
Ta — ⟩ ____ e
Ka ⟩

Se ⟩
Rü — ⟩ ____ el
Schlü ⟩

Su ⟩
Tre — ⟩ ____ e
Li ⟩

(3) Schreibe die Wörter aus Aufgabe 2.

Punkte 12

zu den Sprachbuchkapiteln 10–12:
Wörter in Silben gliedern; doppelte Mitlaute einsetzen;
Wörter mit doppeltem Mitlaut schreiben

12. Jo-Jo-Seite

(1) Lies den Text aufmerksam.
Kreuze bei jeder Frage die richtige Antwort an.

Punkte
3

Paul sitzt traurig auf dem Bett.
Er streichelt seine braune Katze Minka.
Vater trägt den großen, blauen Koffer zum Auto.
Pauls Schwester Lisa packt Brote in einen Korb.
„Nun schau nicht so traurig, Paul", tröstet ihn Mama.
„Minka ist doch gut versorgt." Und Lisa meint:
„Außerdem brauchen Katzen keinen Urlaub."
Alle steigen in das große, rote Auto und fahren los.
Nach einer Weile raschelt es im Kofferraum.
Vater bremst und alle drehen sich erstaunt um.
Da sehen sie Minka im Kofferraum herumklettern.
Paul freut sich: „Katzen brauchen doch Urlaub."

Wie heißt Pauls Katze?		Wer ist Lisa?		Wo taucht Minka am Ende der Geschichte auf?	
Lisa	☐	Pauls Mutter	☐	im Garten	☐
Minka	☐	Pauls Schwester	☐	im Esskorb	☐
Hasso	☐	Pauls Cousine	☐	im Kofferraum	☐

(2) Lies genau im Text nach.
Male in den richtigen Farben an.

Punkte
3

zu den Sprachbuchkapiteln 10–12:
sinnerfassendes Lesen; Fragen zu einem Text beantworten;
Bilder nach Textinformationen ausmalen

Kontrollblätter zu den Jo-Jo-Seiten

1. Jo-Jo-Seite

① Schreibe unter jedes Bild das passende Nomen. Punkte 8

Heft Buch Lineal Tisch

Tafel Eis Apfel Puppe

② Ordne die Nomen aus Aufgabe 1 nach dem ABC. Ordne zuerst Zeile 1, danach Zeile 2. Punkte 8

Buch, Heft, Lineal, Tisch

Apfel, Eis, Puppe, Tafel

③ Ergänze die bestimmten Artikel. Punkte 9

das Brot   der Koffer   das Kind

das Bett   die Klasse   der Hund

der Name   der Garten   die Katze

④ Unterstreiche die Nomen in diesen Farben: Menschen, Tiere, Pflanzen, Dinge. Punkte 12

Auto • Katze • Mutter • Apfel • Hund • Mann
Kürbis • Fahrrad • Igel • Nuss • Bus • Kind

2. Jo-Jo-Seite

① Setze die fehlenden Selbstlaute ein. Punkte 8

Hof Kind Bank Heft
Stern Tisch Brot Hemd

② Schreibe die Nomen mit dem bestimmten Artikel auf. Punkte 8

der Hof, das Kind, die Bank,

das Heft, der Stern, der Tisch,

das Brot, das Hemd

③ Setze die Mitlaute am Wortanfang ein. Schreibe die Nomen mit dem unbestimmten Artikel auf. Punkte 5

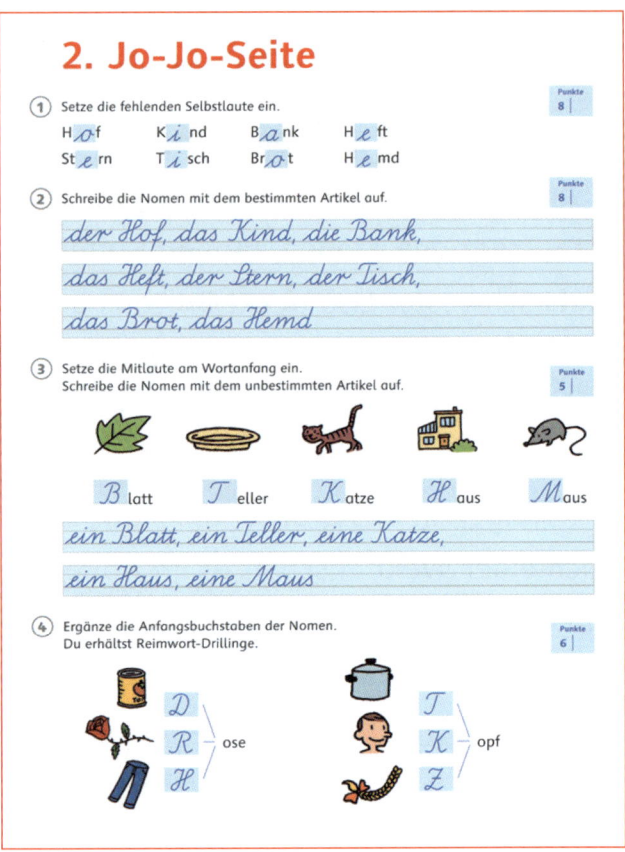

Blatt Teller Katze Haus Maus

ein Blatt, ein Teller, eine Katze,

ein Haus, eine Maus

④ Ergänze die Anfangsbuchstaben der Nomen. Du erhältst Reimwort-Drillinge. Punkte 6

D
R ose
H

T
K opf
Z

3. Jo-Jo-Seite

① Ordne jedem Bild ein passendes Verb zu. Punkte 6

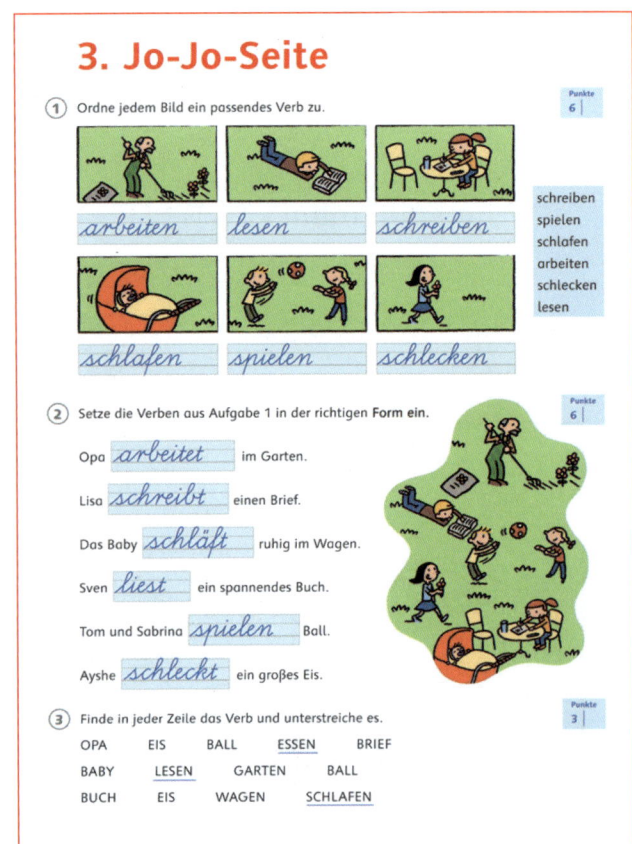

arbeiten lesen schreiben

schlafen spielen schlecken

schreiben
spielen
schlafen
arbeiten
schlecken
lesen

② Setze die Verben aus Aufgabe 1 in der richtigen Form ein. Punkte 6

Opa arbeitet im Garten.

Lisa schreibt einen Brief.

Das Baby schläft ruhig im Wagen.

Sven liest ein spannendes Buch.

Tom und Sabrina spielen Ball.

Ayshe schleckt ein großes Eis.

③ Finde in jeder Zeile das Verb und unterstreiche es. Punkte 3

OPA   EIS   BALL   ESSEN   BRIEF
BABY   LESEN   GARTEN   BALL
BUCH   EIS   WAGEN   SCHLAFEN

4. Jo-Jo-Seite

① Finde heraus, wo die Sätze enden. Setze nach jedem Satzende einen Punkt. Punkte 4

heute Nacht hat es endlich geschneit die Kinder freuen sich auf die erste Schlittenfahrt sie wollen auch einen Schneemann bauen er soll eine Mohrrübe als Nase bekommen

② Schreibe den Text ab. Überlege, worauf du achten musst. Punkte 8

Heute Nacht hat es endlich geschneit.

Die Kinder freuen sich auf die erste

Schlittenfahrt. Sie wollen auch einen

Schneemann bauen. Er soll eine

Mohrrübe als Nase bekommen.

③ Lies die Sätze laut. Setze nach jedem Satz das Satzschlusszeichen. Punkte 6

Du bist aber heute schlecht gelaunt !

Holst du mich zum Fußballspielen ab ?

Ich bezahle das Eis von meinem Taschengeld .

Lass mich in Ruhe !

Kannst du mir mal helfen ?

Ich gehe gern zum Klavierunterricht .

! !
. .
? ?

Kontrollblätter zu den Jo-Jo-Seiten

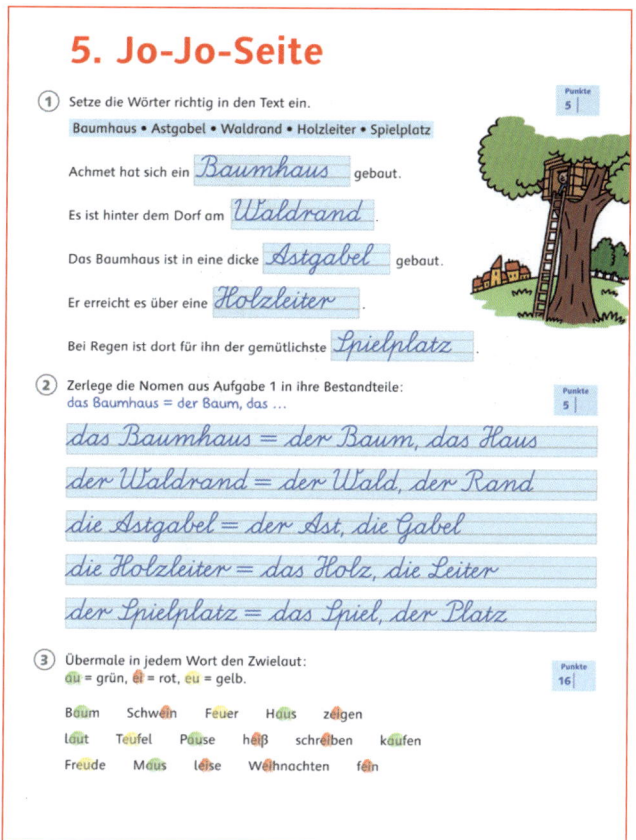

5. Jo-Jo-Seite

1 Setze die Wörter richtig in den Text ein.
Punkte 5

Baumhaus • Astgabel • Waldrand • Holzleiter • Spielplatz

Achmet hat sich ein *Baumhaus* gebaut.

Es ist hinter dem Dorf am *Waldrand*

Das Baumhaus ist in eine dicke *Astgabel* gebaut.

Er erreicht es über eine *Holzleiter*.

Bei Regen ist dort für ihn der gemütlichste *Spielplatz*.

2 Zerlege die Nomen aus Aufgabe 1 in ihre Bestandteile:
das Baumhaus = der Baum, das ...
Punkte 5

das Baumhaus = der Baum, das Haus

der Waldrand = der Wald, der Rand

die Astgabel = der Ast, die Gabel

die Holzleiter = das Holz, die Leiter

der Spielplatz = das Spiel, der Platz

3 Übermale in jedem Wort den Zwielaut:
au = grün, ei = rot, eu = gelb.
Punkte 16

Baum   Schwein   Feuer   Haus   zeigen

laut   Teufel   Pause   heiß   schreiben   kaufen

Freude   Mäus   leise   Weihnachten   fein

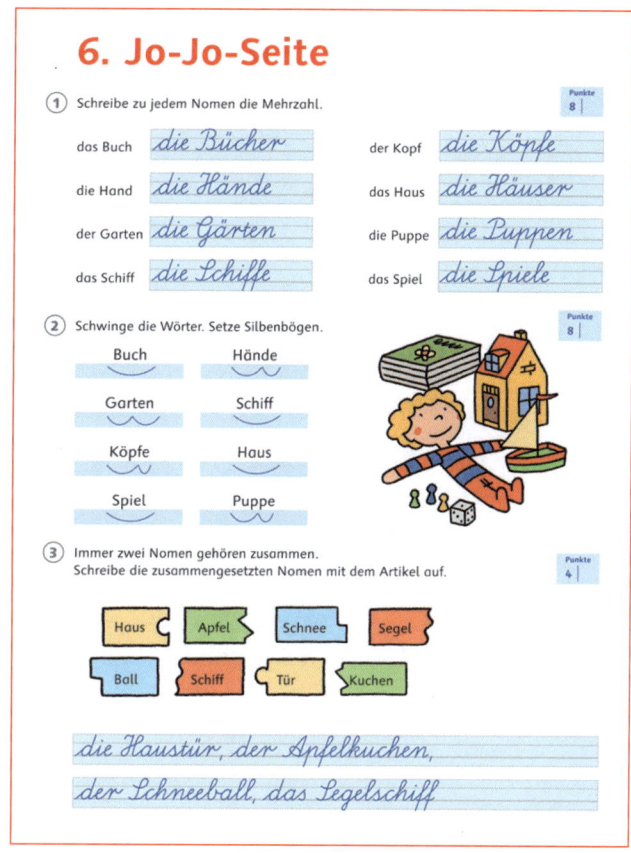

6. Jo-Jo-Seite

1 Schreibe zu jedem Nomen die Mehrzahl.
Punkte 8

das Buch *die Bücher* der Kopf *die Köpfe*

die Hand *die Hände* das Haus *die Häuser*

der Garten *die Gärten* die Puppe *die Puppen*

das Schiff *die Schiffe* das Spiel *die Spiele*

2 Schwinge die Wörter. Setze Silbenbögen.
Punkte 8

Buch   Hände

Garten   Schiff

Köpfe   Haus

Spiel   Puppe

3 Immer zwei Nomen gehören zusammen.
Schreibe die zusammengesetzten Nomen mit dem Artikel auf.
Punkte 4

Haus   Apfel   Schnee   Segel

Ball   Schiff   Tür   Kuchen

die Haustür, der Apfelkuchen,

der Schneeball, das Segelschiff

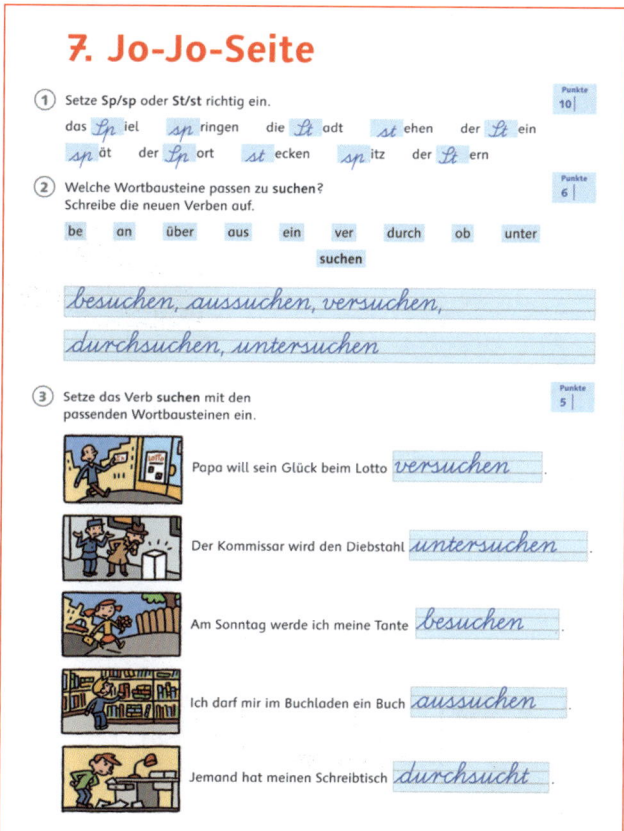

7. Jo-Jo-Seite

1 Setze Sp/sp oder St/st richtig ein.
Punkte 10

das *Sp*iel   *sp*ringen   die *St*adt   *st*ehen   der *St*ein

*sp*ät   der *Sp*ort   *st*ecken   *sp*itz   der *St*ern

2 Welche Wortbausteine passen zu suchen?
Schreibe die neuen Verben auf.
Punkte 6

be   an   über   aus   ein   ver   durch   ob   unter

suchen

besuchen, aussuchen, versuchen,

durchsuchen, untersuchen

3 Setze das Verb suchen mit den passenden Wortbausteinen ein.
Punkte 5

Papa will sein Glück beim Lotto *versuchen*.

Der Kommissar wird den Diebstahl *untersuchen*.

Am Sonntag werde ich meine Tante *besuchen*.

Ich darf mir im Buchladen ein Buch *aussuchen*.

Jemand hat meinen Schreibtisch *durchsucht*.

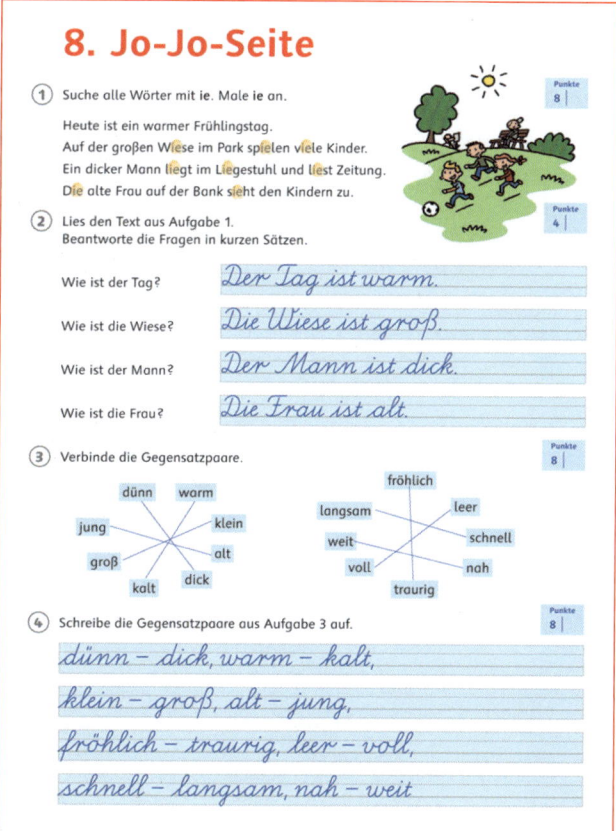

8. Jo-Jo-Seite

1 Suche alle Wörter mit ie. Male ie an.
Punkte 8

Heute ist ein warmer Frühlingstag.
Auf der großen Wiese im Park spielen viele Kinder.
Ein dicker Mann liegt im Liegestuhl und liest Zeitung.
Die alte Frau auf der Bank sieht den Kindern zu.

2 Lies den Text aus Aufgabe 1.
Beantworte die Fragen in kurzen Sätzen.
Punkte 4

Wie ist der Tag? *Der Tag ist warm.*

Wie ist die Wiese? *Die Wiese ist groß.*

Wie ist der Mann? *Der Mann ist dick.*

Wie ist die Frau? *Die Frau ist alt.*

3 Verbinde die Gegensatzpaare.
Punkte 8

dünn   warm   fröhlich

jung   klein   langsam   leer

groß   alt   weit   schnell

kalt   dick   voll   nah

traurig

4 Schreibe die Gegensatzpaare aus Aufgabe 3 auf.
Punkte 8

dünn – dick, warm – kalt,

klein – groß, alt – jung,

fröhlich – traurig, leer – voll,

schnell – langsam, nah – weit

Kontrollblätter zu den Jo-Jo-Seiten

9. Jo-Jo-Seite

(1) Unterstreiche jede Wortfamilie mit einer anderen Farbe: **Punkte 20**
spielen, essen, laufen.

Spielerin	laufend	essbar	Spielplatz	Esstisch
verlaufen	Würfelspiel	Laufband	Spielzeug	gegessen
Essecke	spielerisch	Esslöffel	Läufer	Mittagessen
Ballspiel	Essenszeit	auslaufen	vorspielen	Wettlauf

(2) Schreibe die Wörter nach Wortfamilien geordnet auf. **Punkte 20**

spielen: *Spielerin, Spielplatz, Würfelspiel, Spielzeug, spielerisch, Ballspiel, vorspielen*

essen: *essbar, Esstisch, gegessen, Essecke, Esslöffel, Mittagessen, Essenszeit*

laufen: *laufend, verlaufen, Laufband, Läufer, auslaufen, Wettlauf*

(3) Übermale in jeder Reihe das Adjektiv. **Punkte 3**

gehen	laufen	rennen	schleichen	schnell	wandern
Kind	Baby	Mädchen	klein	Junge	Knirps
Sonne	regnen	leise	Hagel	schneien	Wind

10. Jo-Jo-Seite

(1) Lies die Sätze in den Sprechblasen laut. **Punkte 6**
Setze nach jedem Satz das richtige Satzzeichen.

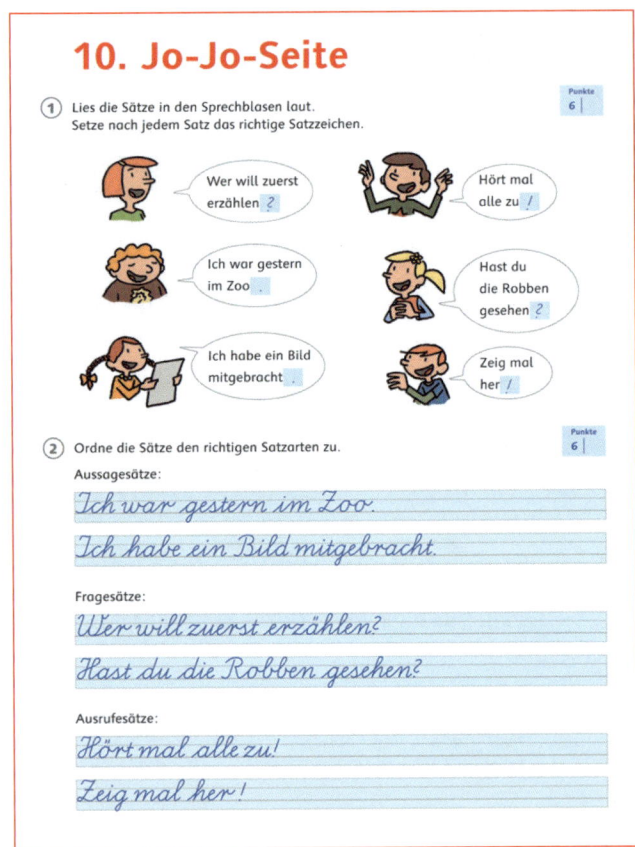

Wer will zuerst erzählen ?

Hört mal alle zu !

Ich war gestern im Zoo .

Hast du die Robben gesehen ?

Ich habe ein Bild mitgebracht .

Zeig mal her !

(2) Ordne die Sätze den richtigen Satzarten zu. **Punkte 6**

Aussagesätze:
Ich war gestern im Zoo.
Ich habe ein Bild mitgebracht.

Fragesätze:
Wer will zuerst erzählen?
Hast du die Robben gesehen?

Ausrufesätze:
Hört mal alle zu!
Zeig mal her!

11. Jo-Jo-Seite

(1) Zeichne die Silbenbögen unter die Wörter. **Punkte 19**

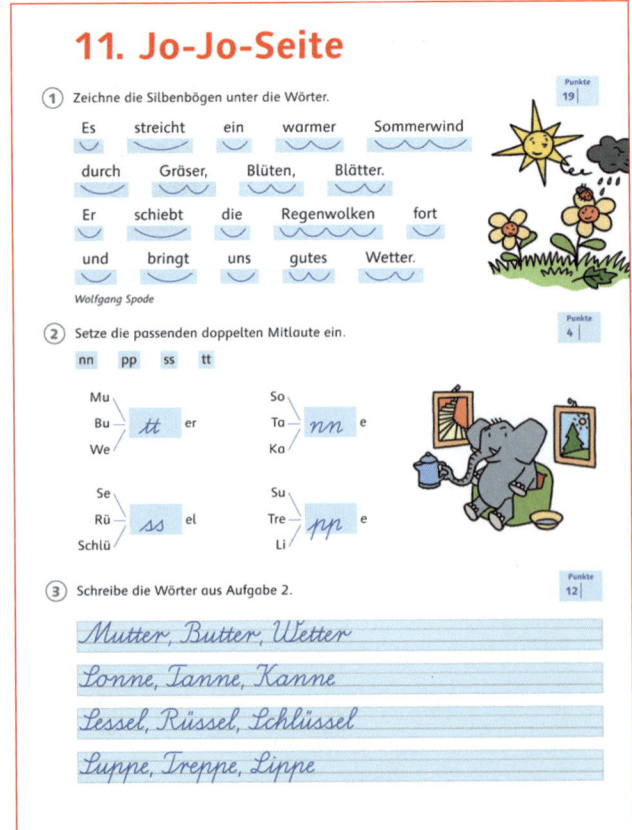

Es streicht ein warmer Sommerwind

durch Gräser, Blüten, Blätter.

Er schiebt die Regenwolken fort

und bringt uns gutes Wetter.

Wolfgang Spode

(2) Setze die passenden doppelten Mitlaute ein. **Punkte 4**

nn   pp   ss   tt

Mu
Bu *tt* er
We

So
Ta *nn* e
Ka

Se
Rü *ss* el
Schlü

Su
Tre *pp* e
Li

(3) Schreibe die Wörter aus Aufgabe 2. **Punkte 12**

Mutter, Butter, Wetter
Sonne, Tanne, Kanne
Sessel, Rüssel, Schlüssel
Suppe, Treppe, Lippe

12. Jo-Jo-Seite

(1) Lies den Text aufmerksam. **Punkte 3**
Kreuze bei jeder Frage die richtige Antwort an.

Paul sitzt traurig auf dem Bett.
Er streichelt seine braune Katze Minka.
Vater trägt den großen, blauen Koffer zum Auto.
Pauls Schwester Lisa packt Brote in einen Korb.
„Nun schau nicht so traurig, Paul", tröstet ihn Mama.
„Minka ist doch gut versorgt." Und Lisa meint:
„Außerdem brauchen Katzen keinen Urlaub."
Alle steigen in das große, rote Auto und fahren los.
Nach einer Weile raschelt es im Kofferraum.
Vater bremst und alle drehen sich erstaunt um.
Da sehen sie Minka im Kofferraum herumklettern.
Paul freut sich: „Katzen brauchen doch Urlaub."

Wie heißt Pauls Katze?
Lisa ☐
Minka ☒
Hasso ☐

Wer ist Lisa?
Pauls Mutter ☐
Pauls Schwester ☒
Pauls Cousine ☐

Wo taucht Minka am Ende der Geschichte auf?
im Garten ☐
im Esskorb ☐
im Kofferraum ☒

(2) Lies genau im Text nach. **Punkte 3**
Male in den richtigen Farben an.